Christoph Heinrich

CLAUDE MONET

1840–1926

TASCHEN

KÖLN LONDON LOS ANGELES MADRID PARIS TOKYO

COUVERTURE :
La promenade, la femme à l'ombrelle (détail), 1875
Huile sur toile, 100 x 81 cm
Wildenstein 381
Washington (DC), National Gallery of Art,
Mr. and Mrs. Paul Mellon Collection

ILLUSTRATION PAGE 1 :
Autoportrait de Claude Monet, coiffé d'un béret, 1886
Huile sur toile, 56 x 46 cm
Wildenstein 1078
Collection particulière

ILLUSTRATION PAGE 2 :
La rue Saint-Denis, fête du 30 juin 1878, 1878
Huile sur toile, 76 x 52 cm
Wildenstein 470
Rouen, Musée des Beaux-Arts

DOS DE COUVERTURE :
Claude Monet sur le pont japonais, 1925
Paris, Archives Musée Clemenceau

© 2000 Benedikt Taschen Verlag GmbH
Hohenzollernring 53, D–50672 Köln
www.taschen.com
Rédaction : Rolf Taschen, Cologne
Couverture: Catinka Keul, Angelika Taschen, Cologne

Printed in Germany
ISBN 3–8228–6174–X

Sommaire

Le chemin du Salon

Au début de sa carrière, Claude Monet a peint une nature morte (ill. p.6) qui pourrait être le programme d'une longue et fertile vie de peintre. Des pinceaux, une boîte de peinture et une palette sont disposés, avec des livres et des armes à feu, sur une table en bois tourné. A l'arrière-plan, un papier peint décoré d'une rivière, de plantes et d'oiseaux exotiques dans le style des tapisseries anciennes. On sent que le jeune artiste s'est efforcé de rendre les couleurs humides de la boîte, le velours mat du béret, la reliure usée du livre et les parties métalliques des armes. Le contraste entre la froideur des objets quotidiens et l'exubérant paysage, entre l'atmosphère confinée de la pièce et la fraîcheur humide du somptueux papier peint est déjà à lui seul un élément original.

Mais ce qui est étonnant, dans cette œuvre de jeunesse, c'est une clarté qui s'impose. Sur la palette, à côté de restes de couleur verte, rouge et noire se trouve un petit tas clair et humide: du blanc de plomb. De là provient la lumière de la toile, lumière qui l'éclaire toute entière, qui éclaire toute une vie de peintre. Le programme de Monet, c'est la lumière.

Claude Monet est le peintre de la lumière du jour, du ciel, de la neige, des nuages se reflétant dans l'eau. Le premier, il a peint des tableaux presque entièrement blancs. Tout au long de sa vie, jusque dans ses dernières toiles, les nymphéas, il a ajouté du blanc à ses couleurs, chassant de sa peinture les tonalités éteintes qui, dans cette nature morte, dominent encore. Monet est le peintre de la lumière.

A son époque, les expositions individuelles n'étant pas encore dans les mœurs, c'était le Salon, tenu tous les deux ans à Paris, qui était la vitrine de la création picturale en France. Six semaines durant, des peintres établis et des débutants ambitieux, des copistes pleins de morgue et, parfois, quelqu'artiste visité par la grâce présentaient leur œuvre à un public qui n'était avare ni de louange ni de critique. Alors qu'au 18ème siècle les artistes étaient confrontés à un public surtout aristocratique et assez cultivé, un siècle plus tard, c'est Monsieur Tout-le-monde qui passe son dimanche au Salon. Les bourgeois aisés, devenus la classe dominante, et tous ceux qui souhaitaient leur ressembler, traversaient en flânant avec canne et chapeau, longues robes bruissantes et propos légers le Palais de l'Industrie où, depuis l'exposition universelle de 1855, se tenait le Salon. On recherchait avant tout la distraction. Les articles des très populaires «Journal du rire» ou le «Charivari», dithyrambes ou féroces caricatures, étaient très attendus. Avant même d'avoir vu les tableaux on s'en disait enthousiasmé ou on s'en gaussait. Exposer au Salon et obtenir de bonnes critiques pouvait décider d'une carrière.

Le notaire Léon Marchon, vers 1855/56
Au Havre, sa ville natale, Monet se fit une réputation d'habile caricaturiste et de frondeur en se moquant de vénérables bourgeois et autres notables.

Coin d'atelier, 1861

La route de la ferme Saint-Siméon, 1864

Même si, dans ces expositions officielles, le sensationnel comptait pour beaucoup, même si les peintres pillaient contes et mythes à la recherche de scènes de meurtre, de héros triomphants et d'un beau sujet de nu, il ne faudrait pas croire que le Salon était uniquement le domaine du mauvais goût. C'était là aussi qu'après bien des efforts Eugène Delacroix et Gustave Courbet, Jean-François Millet, Jean-Baptiste Camille Corot et Edouard Manet avaient exposé leurs œuvres, connu quelque succès ou fait scandale ou même simplement attiré l'attention. Certaines années, on pouvait trouver au Salon plus d'une œuvre de valeur, du style classique au style nouveau de l'Ecole de Barbizon, et un jeune peintre pouvait y rencontrer la révélation.

Un de ces jeunes artistes qui arpente le Salon, yeux grands ouverts, est Claude Oscar Monet. Né à Paris en 1840, il fut élevé dans un milieu modeste. Le commerce du père périclitant, la famille partit s'installer au Havre où le père trouva un emploi dans l'entreprise en gros de son beau-frère Jacques Lecadre. Oscar, comme on l'appelait alors, avait tout juste six ans. C'est là, dans ce Nord de la France rude mais fertile, avec sa lumière forte, sa mer changeante et son âpre climat mais aussi ses stations balnéaires à la mode, Deauville, Trouville et Honfleur, que Monet vécut son enfance. On passait l'été dans la jolie maison de campagne de la tante Sophie et l'hiver au Havre. La plage, la mer, les falaises et les dunes… Monet les parcourait des journées entières, surtout lorsqu'il aurait dû se trouver à l'école.

A quinze ans, il était célèbre pour ses caricatures impertinentes de sommités locales, professeurs et autres respectables personnages de sa petite ville (ill. p. 7). Doué du sens commercial de sa famille, Monet vendait sa production et améliorait ainsi considérablement son ordinaire.

Plus importante que ces exercices qui, souvent, s'inspirent de documents trouvés dans les journaux, fut la rencontre avec Eugène Boudin. Le peintre, paysagiste à la facture tout en légèreté (ill. p. 8), l'emmène dans ses séances de travail sur les plages des stations balnéaires et lui fait connaître la technique, alors nouvelle, de la peinture sur le motif. «Si je suis devenu peintre», écrit plus tard Monet, «c'est grâce à Boudin.... avec une inépuisable bonté, il entreprit mon éducation. Mes yeux, à la longue, s'ouvrirent et je compris vraiment la nature; j'appris en même temps à l'aimer.»

Eugène Boudin:
La plage de Trouville, 1864
Boudin fit connaître à Monet la technique de la peinture en plein air et le confirma dans son idée de devenir peintre.

Peu avant l'examen final, Monet quitte l'école pour devenir peintre. Sa mère, qui l'aurait peut-être soutenu dans cette voie, était morte en 1857. Son père qui souhaite le voir prendre sa succession dans la florissante affaire familiale n'est guère enthousiaste et lui refuse toute aide financière. Il le laisse partir, probablement dans l'espoir que cette lubie lui passerait. Fort des économies que lui a procurées son activité de caricaturiste, Monet va à Paris, s'inscrit à l'Académie Suisse, une petite école privée, découvre le Salon et écrit à Boudin resté au pays: «… je suis entouré d'une petite bande de jeunes peintres paysagistes qui seront très heureux de vous connaître: ce sont du reste de vrais peintres.»

Après un court service militaire en Algérie, d'où il revient malade du typhus, il fait la connaissance pendant sa convalescence au Havre, du peintre hollandais Johan Barthold Jongkind dont il a déjà admiré les paysages au Salon. Précurseur des impressionnistes, auteur de toiles pleines de lumière, au coup de brosse léger, celui-ci devient, dès la première rencontre «son véritable maître». Pourtant, aux yeux de la famille Monet-Lecadre ce fou de Hollandais avec son fort penchant pour l'alcool n'était pas une bonne fréquentation pour le jeune Claude. Aussi, en cette année 1862, le laisse-t-on repartir pour Paris. S'il doit devenir peintre, qu'il s'y prenne du moins comme on le doit, en passant par l'Ecole des Beaux-Arts. Mais Monet ne s'intéresse pas aux peintres académiques en vogue. Il entre à l'atelier du peintre Charles Gleyre, un peintre conventionnel qui laisse cependant une grande liberté à ses élèves et les encourage à chercher leur style propre. Le jeune artiste tient peu compte des conseils de cet accommodant professeur dont les élèves semblaient d'ailleurs faire à peu près ce qu'ils voulaient. Les cours

La pointe de La Hève à marée basse, 1865
Dans ses premières toiles, c'est sa région natale, la Normandie, la mer, la lumière qui filtre à travers les nuages ou le soleil sur une petite route que peint Monet. Il resta toute sa vie fidèle au paysage du nord-ouest de la France.

Le pavé de Chailly, 1865

Frédéric Bazille:
L'ambulance improvisée, 1865
En forêt de Fontainebleau, pendant ses premières années parisiennes, Monet peignit souvent avec ses nouveaux amis Renoir, Sisley et Bazille. Blessé lors d'une de ces excursions, il fut soigné par ce dernier.

sont pour lui l'occasion de travailler le nu et surtout de rencontrer des gens qui pensent comme lui.

Chez Gleyre, Monet fait la connaissance de Frédéric Bazille, d'Alfred Sisley et de Pierre-Auguste Renoir; avec Camille Pissarro, rencontré avant son service militaire, c'est là le noyau du mouvement impressionniste. Loin de cultiver le style bohème, Monet a une apparence bourgeoise. Renoir racontera plus tard à son fils que les compagnons de Monet l'appelaient «le dandy»: «Il n'avait pas un sou et portait des chemises à poignets de dentelle... A une élève, assez jolie fille, mais vulgaire, qui lui faisait des avances, il dit: ‹Excusez-moi mais je ne couche qu'avec des duchesses... ou bien des bonnes. Le juste milieu me donne la nausée. L'idéal serait une bonne de duchesse.›»

Dans la vie des deux peintres, qui habitaient et travaillaient parfois ensemble, c'est pourtant bel et bien la bohème. Le peu d'argent qu'ils gagnent à réaliser des portraits ou autres petits travaux de commande passe à payer le loyer, le charbon et la jeune fille qui pose pour eux. Les repas sont maigres. Ils se font payer en nature par un de leurs commanditaires et, un mois durant, ne mangent que des haricots, cuits sur le poêle, qu'il faut de toute façon allumer pour que le modèle ne s'enrhume pas. Après les haricots, ce seront les lentilles. A son fils qui lui demandait si tous ces légumes secs ne les avaient pas rendus malades, Renoir répondit en riant: «Je n'ai jamais été aussi heureux de ma vie. Il faut dire que de temps en temps Monet dégotait une invitation à dîner et nous nous empiffrions de dinde truffée arrosée de chambertin.»

Malgré un régime aussi peu équilibré et un refus opiniâtre de se soumettre à un enseignement académique, Monet connaît bientôt ses premiers succès. «Un nom nouveau doit être cité. On ne connaissait pas encore Monsieur Monet dont on peut voir *La pointe de La Hève à marée basse* (ill. p.9) et *L'embouchure de la Seine à Honfleur*. Ces travaux sont certes d'un débutant, il leur manque la finesse que seule procure une longue étude. Mais le sentiment

Charles Gleyre:
Daphnis et Chloé revenant de la montagne, 1862
Gleyre, le professeur de Monet, était un artisan habile qui satisfaisait au goût de son temps. Un peintre académique mais pas un grand peintre. C'est pourtant son atelier qui produisit le noyau des impressionnistes.

de l'harmonie des couleurs dans le jeu des tonalités apparentées, le sens des valeurs tonales en général, la remarquable intensité de l'ensemble, un regard audacieux, la capacité à voir les choses et à guider le regard des autres, telles sont les qualités présentes au plus haut degré chez Monsieur Monet. Nous suivrons les travaux de ce peintre de valeur avec le plus grand intérêt.»

Ce critique de la célèbre «Gazette des Beaux-Arts», sortant du Salon de 1865, célèbre ainsi un jeune peintre dont on attend, ma foi, des choses intéressantes. C'est tout à son honneur d'avoir discerné, parmi les toiles innombrables qui sont accrochées les unes au-dessus des autres sur cinq rangées, parfois, les deux paysages de Monet aux tonalités éteintes, au sujet sans emphase. Mais c'est aussi tout à l'honneur du jeune peintre de faire au Salon une entrée aussi sobre.

Ce sont peut-être les œuvres de l'Ecole de Barbizon qui ont permis à ce célèbre critique de la «Gazette» d'apprécier ces simples scènes de la nature. En ce début de carrière, Monet est en effet très proche de ce courant réaliste. A ce groupe de peintres qui travaillait en lisière de la forêt de Fontainebleau appartenaient entre autres Corot, Charles François Daubigny et Constant Troyon. Ils privilégiaient des thèmes quotidiens, refusant les sujets historiques et anecdotiques tant prisés par le public. Leurs toiles se distinguaient par une étude très poussée de la nature mais étaient généralement réalisées en atelier. Monet peint lui aussi parfois dans la forêt de Fontainebleau (ill. p. 10) et y fait connaissance avec ces artistes. Mais il ne veut pas en rester là. Il nourrit de grands projets. Il lui semble que c'est la peinture de personnages qui lui apportera le succès, et il veut les faire aussi grands que possible: ainsi la commission d'accrochage ne pourra pas les reléguer tout en hauteur. Pour être plus frappants, les artistes se mettent à travailler dans des formats immenses; ce sont, comme on dit alors à Paris, les «grandes machines». Malgré son originalité dans le traitement du trait et de la couleur, le jeune Monet cherche malgré tout à faire un succès dans cette arène officielle qu'est le Salon.

Quelques années auparavant, Manet, dont les toiles étaient alors très contestées et sans cesse refusées au Salon, avait fait fureur avec son *Déjeuner sur l'herbe* (ill. p. 12). Une clairière baignée d'une lumière théâtrale, du pain, du vin, des fruits et deux hommes en costume de ville assis en compagnie d'une femme nue. A l'arrière-plan, une autre femme se rafraîchit les pieds dans la rivière. Le tableau dut son succès au scandale et on eut du mal à empêcher ce même public, qui admirait la lascive Vénus d'Alexandre Cabanel, de cracher sur la toile, sans doute parce que dans ce cas la nudité n'avait pas l'excuse de la mythologie. A cela s'ajoutait que la manière picturale était jugée fruste.

Mais Monet, lui, admire ce peintre qui porte presque le même nom que lui. Après 1863, date à laquelle il vit les premières œuvres de Manet, sa palette sombre s'éclaircit considérablement. Pour le dépasser, il tente un tour de force: son *Déjeuner* aura des dimensions invraisemblables: 4,20 x 6,50 mètres et comprendra une douzaine de personnages grandeur nature, réunis dans un bois de bouleaux pour un repas de vin, poulet farci et tarte (ill. pp. 11–13).

Alors que la toile de Manet est un travail d'atelier selon toutes les règles de l'art, Monet, lui, emporte sa toile sur le motif, pour plus de spontanéité. Alors que Manet choquait avec sa femme nue au regard provocant assise en-

Le déjeuner sur l'herbe (partie gauche et centrale), 1865
Monet avait dû laisser le tableau en garantie à son propriétaire à qui il devait plusieurs mois de loyer. Lorsque, des années plus tard, il voulut le reprendre, il était en grande partie détruit par la moisissure. Il ne put en sauver que deux morceaux.

Le déjeuner, 1868
Ce tableau, le dernier à témoigner de l'influence de Manet, dépeint le charme de la vie bourgeoise qui, pour l'artiste, devait rester encore longtemps un rêve.

ILLUSTRATION PAGE 15:
Camille ou **Femme à la robe verte**, 1866

tre deux messieurs, Monet peint des personnages habillés à la dernière mode de Paris. On dirait qu'il tient compte des reproches faits à son aîné et qu'il souhaite se concilier les bonnes grâces de l'Académie.

Avec sa maîtresse de dix-neuf ans, Camille Doncieux, et son ami Bazille, avec lequel il partage un atelier, Monet se rend pendant l'été de 1865 dans la forêt de Fontainebleau où ses deux compagnons posent patiemment pour tous les personnages. A l'automne, il se met, dans son atelier parisien, à agrandir son étude au format. Il travaille comme un fou tout l'hiver mais, quelques jours avant l'ouverture du Salon, comprend que la toile ne sera pas prête. Il la laisse de côté et peint – en quatre jours, selon la légende – un portrait en pied de son amie: *Camille* ou *Femme à la robe verte* (ill. p. 15).

Les paysages exposés au Salon précédent avaient été appréciés: la *Camille* de Monet est un franc succès. La critique cite à plusieurs reprises le rendu du tissu soyeux qu'elle compare aux célèbres étoffes de Veronèse. «Voyez la robe. Elle est souple et solide. Elle traîne mollement, elle vit, elle dit tout haut qui est cette femme. Ce n'est pas là une robe de poupée, un de ces chiffons de mousseline dont on habille les rêves; c'est de la bonne soie…» On admire le mouvement du personnage qui se retourne en s'éloignant. La position de la femme comme la manière picturale semblent figer le temps qui passe. L'écrivain Emile Zola, partisan des peintres réalistes, a ce cri du cœur: «En vérité, voilà un tempérament, enfin un homme parmi la foule des eunuques!»

Avec son *Déjeuner*, Monet avait voulu dépasser Manet – avec sa *Camille* il est applaudi et cité au coude à coude avec Manet. «Monet ou Manet? Monet. Mais c'est à Manet que nous devons ce Monet; bravo! Monet; merci! Manet!» s'écrie encore Emile Zola dans son article de «L'Evénement». Extrêmement encouragé par ce succès, Monet continue de travailler la figure humaine et ne renonce pas à son projet de grand format. Il commence un tableau un peu plus petit, représentant quatre femmes dans un jardin, qu'il compte réaliser en plein air.

Un peintre trouve son inspiration

On n'arrête plus Monet. Eperonné par ses premiers succès au Salon, il se remet à peindre des personnages. Ce n'est guère étonnant car, tant pour le jury que pour le public et la critique, la figure est tout tandis que le paysage commence juste à avoir sa place. Selon Zola, c'est le rêve de tout peintre que de placer des personnages grandeur nature dans un paysage. C'est aussi celui de Monet. Croyant tirer la leçon de l'échec de son *Déjeuner*, il ne transfère plus son esquisse en grand format à l'atelier mais s'installe directement sur le motif avec une toile moins grande. Mais deux mètres et demi sur deux mètres ne sont toujours pas des dimensions faciles. Le peintre doit essuyer les commentaires ironiques de certains de ses collègues, Courbet, par exemple, qui viennent le voir travailler: sa toile disparaît dans une tranchée qu'il a creusée pour pouvoir en peindre le haut.

Deuxième échec. Cette fois, le tableau est achevé mais refusé par le jury du Salon et, contrairement à des œuvres ultérieures d'abord mal comprises, celle-ci ne trouvera pas grâce aux yeux de la postérité. Les personnages y sont posés comme des mannequins dans une vitrine. La patiente Camille sert de modèle aux quatre femmes, sa pose est raide et le personnage de droite semble circuler dans le jardin sur des roulettes. Monet ne justifie pas leur présence, ne leur accorde aucune épaisseur psychologique. On est loin du charisme de sa *Femme à la robe verte*.

Il y pourtant quelque chose dans ce tableau qui fascine et le rend exceptionnel pour son époque. C'est le soleil, que le peintre jette sur le chemin comme une grande serviette, c'est le rayonnement des fleurs blanches, ce sont les ombres qui hachurent la robe de la femme, au premier plan, et c'est le brillant soyeux de son visage sur lequel se rencontrent la lumière filtrée par l'ombrelle et celle renvoyée par le blanc lumineux de la robe. La toile est vivante, non de la vie des personnages mais de celle des ombres et de la lumière. Avec une fraîcheur absolument nouvelle et des contrastes d'une grande vigueur les personnages sont placés au cœur de la lumière et des ombres. Par comparaison, ceux du *Déjeuner sur l'herbe* (ill. p. 12) de Manet semblent peints devant un décor de photographe. Peut-être Monet aura-t-il tiré un enseignement de ce tableau. En tout cas, une chose est sûre, il a trouvé son inspiration: la lumière.

L'année suivante, il peint en compagnie de Renoir, à Paris. D'un balcon du second étage du Louvre, il fixe sur la toile l'église gothique de Saint Germain-l'Auxerrois (ill. p. 18) par une brillante lumière matinale. Du Louvre encore, mais cette fois par ciel couvert, *Le Jardin de l'Infante* (ill. p. 19). Les détails, tournures, passementeries ne l'intéressent plus. Les personnages, ici

Par souci d'exactitude, Monet étudia précisément la mode de son temps. Pour *Le déjeuner dans l'herbe* comme pour *Femmes au jardin*, les illustrations de magazines de mode lui ont servi de document.

Femmes au jardin, 1866

Saint-Germain-l'Auxerrois, 1867
Les toiles peintes au printemps 1867 du
balcon du Louvre sont dédiées à la métropole
élégante et frivole que Paris devenait à cette
époque. Mais, contrairement à ce qu'elle a représenté pour Manet ou pour Degas, la ville
ne fut pour Monet qu'un épisode.

ILLUSTRATION PAGE 19:
Le Jardin de l'Infante, 1867

simplement esquissés par des touches en forme de points ou de traits, n'ont
pas d'histoire et ne présentent pas des toilettes à la mode, mais servent à
structurer l'espace et à distribuer la lumière.

Les deux tableaux reflètent le Paris moderne. Devant l'église, une place
récemment créée, plantée de jeunes marronniers. Les maisons témoignent du
«style Haussmann»: en ces années du second Empire, Paris devient le centre
cosmopolite qu'il est resté. Les ruelles moyenâgeuses, les quartiers étouf-
fants laissent la place aux avenues néo-baroques et aux immeubles bien ali-
gnés que conçoit le Baron Haussmann, préfet et administrateur de Napoléon
III. Paris devient plus clair, plus aéré, plus élégant. Même si cette évolution
allait de pair avec un effondrement social qui permettait à quelques spécula-
teurs d'accumuler d'immenses fortunes en repoussant dans les faubourgs les
Parisiens pauvres, ce fut une période de prospérité et de faste qui forçait l'admiration des jeunes peintres. Et donc Monet, lui aussi, peint les contours de
la métropole, les allées et venues des carrosses et la foule des bourgeois flâ-
neurs. Personnellement, il ne partage pas cette prospérité. Refusé à plusieurs
reprises par le Salon, toujours sans protecteur attitré, il survit difficilement

Jardin en fleurs, vers 1866

grâce à des commandes occasionnelles et à la bienveillance de ses amis. Sa famille lui refuse tout soutien depuis qu'il vit avec Camille, dont elle désapprouve les modestes origines. Bazille, plus argenté que son ami, l'héberge fréquemment, partage avec lui son atelier et lui achète même ses *Femmes au jardin*, au prix alors important de 2.500 francs pour une œuvre d'artiste inconnu, dont il s'acquitte par traites mensuelles de 50 francs. Mais ce n'est pas suffisant pour vivre et acheter de quoi peindre et Monet feint de rompre avec Camille. La famille le reprend sous son aile et il passe l'été 1867 dans la maison de campagne de sa tante, à Sainte-Adresse. De là, il écrit à Bazille, inquiet pour Camille dont il prie son ami de s'occuper. La jeune femme est en fin de grossesse et met au monde, le 8 août 1867, Jean, le fils aîné. Monet reste en Normandie et s'efforce de s'assurer les bonnes grâces familiales. «Je suis au sein de la famille depuis quinze jours, aussi heureux, aussi bien que possible. On est charmant pour moi et voilà que l'on admire chaque coup de brosse. Je me suis taillé beaucoup de besogne, j'ai une vingtaine de toiles en bon train, des marines étourdissantes et des figures et des jardins…»

C'est à Sainte-Adresse, l'été précédent, que le peintre a découvert le thème des jardins, qui l'accompagnera toute sa vie. Les fleurs cultivées, leur

Katsushika Hokusai:
Le pavillon Sazai du temple des cinq cents Rakan, 1829–1833
On comprend mieux la composition étonnamment compacte, constituée d'une superposition de niveaux horizontaux, de *Terrasse à Sainte-Adresse* lorsqu'on sait que Monet s'est inspiré pour cette toile d'une estampe très prisée à son époque.

couleur, leur vigueur le fascinent et sont un sujet qui permet l'étude de la lumière. Dans ce *Jardin en fleurs* (ill p. 20), le soleil tire la couleur du sommeil
qui avait été son lot sous le pinceau des réalistes. Un rouge pur rayonne, in-
tensifié par des éclairages blancs et surtout par son complémentaire, le vert
éclatant. Dans la toile *Terrasse à Sainte-Adresse* (ill. p. 21), fleurs et lumière
rejoignent l'inspiration première de Monet, l'eau. Datant probablement de la
même année que le *Jardin en fleurs*, elle met en scène son père, au premier
plan. La manière en est moins libre que celle des toiles parisiennes et les personnages, mais aussi la terrasse et la mer, ont quelque chose d'étrangement
figé. Pourtant la lumière y est mieux rendue encore que dans *Femmes au jardin*. Pour le première fois, le peintre colore les ombres et prend plus de liberté avec les fleurs, petites taches brillantes de couleur pure.

Monet avait fait son entrée au Salon avec des marines. Il ne peindra pas
seulement d'élégantes régates ou des villes balnéaires à la mode mais reste,
toute sa vie, fasciné par la mer: la mer qui sommeille, les jours de soleil sans
vent, la mer en furie ou contenue sous un ciel couvert. Il peint aussi des lacs,
des étangs et il revient toujours à son fleuve, la Seine. D'une part il observe
l'eau dans ses différents états, d'autre part il la voit comme surface de ré-
flexion où vient se briser le paysage. Ciel, nuages, maisons et arbres, gens et

Terrasse à Sainte-Adresse, 1867
Monet réunit divers éléments, soleil, mer,
fleurs, personnages en une composition
très osée pour l'époque. Par ses coloris et plus
encore, par son écriture, la toile est cependant plus proche du début de l'œuvre que de
l'impressionnisme.

bateaux se fondent sur le miroir de l'eau en un plan dense où leurs caractéristiques physiques et spatiales se dissolvent. Dans un tableau comme *Au bord de l'eau, Bennecourt* (ill. p. 22) il apparaît clairement que l'eau est pour Monet un moyen de parvenir à l'abstraction. Des plans colorés à peine distincts, représentant le sujet réfléchi, donnent à l'image sa structure et son rythme. Le miroir de l'eau brouille les règles du jeu de la peinture paysagiste, on approche ici de l'abstraction. Monet continuera d'appliquer ce principe lorsqu'il peindra l'eau, les falaises et surtout, cette fois de façon radicale, ses fameux nymphéas.

Mais bien des années le séparent encore de cela, années au long desquelles il recherche des compositions traditionnelles fortes et des sujets pittoresques. Ce sont aussi des années difficiles, désespérées. Il ne peut, bien sûr, feindre plus longtemps et souhaite retrouver sa maîtresse et l'enfant. Il retourne à Paris, voit ses tableaux à nouveau refusés et c'est la pauvreté. Bien souvent, Bazille est le seul à l'aider. Des lettres innombrables, dans lesquelles il parle d'argent à son fidèle et généreux ami, témoignent de cette

Au bord de l'eau, Bennecourt, 1868
Le peintre utilise le miroir de l'eau pour s'abstraire de son sujet. Ainsi, la nature bien réelle et son reflet se fondent en un tout qui supprime tout effet de profondeur.

Grosse mer à Etretat, vers 1873

sombre époque. L'automne suivant, la situation s'améliore un peu grâce à la rencontre avec l'armateur Gaudibert du Havre. Entre autres commandes, Monet fait le portrait de Madame Gaudibert et jouit, pour un temps, d'un peu de tranquillité. Il peut enfin écrire à Bazille: «Je suis entouré ici de tout ce que j'aime. Je passe mon temps en plein air sur le galet quand il fait bien gros temps ou bien que les bateaux vont à la pêche… Et puis le soir, mon cher ami, je trouve dans ma petite maisonnette un bon feu et une bonne petite famille. Si vous voyiez votre filleul comme il est gentil à présent… Grâce à ce monsieur du Havre qui me vient en aide, je jouis de la plus parfaite tranquillité puisque débarrassé de tracas aussi mon désir serait de rester toujours ainsi dans un coin de nature bien tranquille (ill. p. 14).»

Mais l'idylle prend fin avec l'année. Monet part à Paris pour fuir ses créanciers en laissant derrière lui de nombreuses toiles. Les jardins, l'eau, la lumière ne sont pas des thèmes qui font vendre ni même qui promettent le succès, ce sont des thèmes qui creusent le fossé entre le jeune peintre et le Salon.

La vie est un éternel dimanche

Monet a appris de Boudin que peindre sur le motif donne à la toile une force, une vitalité qu'il est impossible d'obtenir dans un atelier. Le peintre qui travaille dans son atelier est toujours tenté de recourir à des conventions, à son propre maniérisme, tandis que dans la nature il est contraint de réagir à l'atmosphère, à la lumière sans cesse changeantes. En tous temps, les artistes ont fait des esquisses d'après nature – au crayon, d'abord, au pastel et à l'aquarelle et, depuis la fin du 18ème siècle, parfois même à l'huile. Mais il ne s'agissait que d'esquisses qui n'étaient portées sur la toile qu'une fois de retour à l'atelier, selon des règles de composition traditionnelles. Ce qui est nouveau, et qui aura pour la peinture des conséquences révolutionnaires, c'est que les peintres prennent chevalet, toile, couleurs et palette pour composer leurs tableaux en plein air, y travailler et parfois même les y achever. Monet est un de ces pionniers qui ont ainsi fait de la nature leur atelier. L'apparition de la peinture en tubes rendait cela possible; on n'imagine guère un peintre faire son mélange d'huile et pigment sur place, du moins pas dans le vent âpre de la Normandie. Mais la peinture en plein air reste malgré tout difficile. En été, Monet sort avec tout son matériel et un parasol pour empêcher que la lumière ne tombe directement sur la toile. Par temps froid, on le rencontre en bottes, emmitouflé dans des manteaux superposés et des couvertures, assis devant son sujet. Lorsqu'il fait du vent, il attache sa toile au chevalet mais la nature lui joue malgré tout plus d'un tour. Un jour, comme il s'était trompé dans l'horaire des marées, une vague le surprit et le jeta, lui et tout son attirail, à la mer. «L'art a ses valeureux soldats», ironise un critique contemporain.

Quelques années auparavant, se rendre, avec toile et couleurs, ne serait-ce qu'au parc voisin, aurait été une entreprise compliquée, du moins pour un artiste vivant à Paris. Il aurait fallu une voiture à cheval, et donc une certaine aisance. Mais les nouvelles lignes de chemin de fer, qui datent des années 50, relient les villages avoisinants à la métropole et permettent aux peintres pauvres d'aller à la campagne. Des trains quittent toutes les heures la gare de l'Est pour Argenteuil, Bougival, Asnières et autres localités en bordure de la Seine. Les stations balnéaires de Deauville, Honfleur et Trouville ne sont plus qu'à quelques heures de la capitale. Toutes sortes de gens, à la recherche d'air pur et de repos, prennent le train en même temps que les artistes. Pour la première fois, des ouvriers, des petits bourgeois peuvent faire des excursions et tourner le dos à la ville, ne serait-ce que pour une journée: «En partant je me dis: là-bas, j'aurai du bon air, du soleil, de la verdure. De la verdure, ah, vraiment! En place de bleuets et de coquelicots, de vastes

Antony Morlon:
La Grenouillère (détail), 1880–1890
La gravure rend bien la joyeuse atmosphère de ces sorties à la campagne qui, avant le chemin de fer, étaient le privilège des nobles et des riches bourgeois possédant voiture.

La promenade. La femme à l'ombrelle, 1875

Régates à Argenteuil, 1872

ILLUSTRATION PAGE 27:
L'Hôtel des Roches Noires, Trouville, 1870

prés couverts de chiffons et de faux-cols – partout des blanchisseuses mais pas une seule bergère… Des cochers qui te raillent, des cafetiers qui te volent… des forêts où l'on perd sa fille, des auberges où s'égare ton gendre. Voilà la description exacte de ce que l'on nomme communément les faubourgs de Paris.» Ainsi le brave Monsieur Bartaval, personnage central d'un opéra bouffe de 1875, raconte-t-il son excursion « à la campagne». Des auteurs comiques et des caricaturistes notent les transformations de ces bourgades des bords de Seine. «Partout où se trouvent un malheureux bout de pré planté d'une demi-douzaine d'arbres rachitiques, le propriétaire s'empresse d'en faire un café de plein air ou une guinguette.»

En été 1869, Monet et Renoir peignent, à Bougival, un de ces but d'excursion leur sujet commun est *La Grenouillère* (ill. pp. 28, 29). D'un angle presque identique – Renoir était sans doute à la droite de Monet, un peu plus près de l'eau – les deux peintres donnent leur version de l'activité qui règne sur le «pot de fleur», comme on appelle la petite île avec son arbre au milieu. On voit à la comparaison que tous deux ont cherché à être exacts et c'est cela qui, justement, souligne leurs différences techniques. Monet construit son tableau en traits clairs, horizontaux et place des éclairages vifs. Son pinceau est énergique tandis que Renoir applique le couleur de façon floue et légère. Si, ici, les couleurs de Monet sont assez peu nombreuses et froides, la palette de Renoir est plus douce et l'addition de rouges la réchauffe. Monet ne s'intéresse plus au détail du vêtement, ses personnages sont de simples traits souples. Renoir, par contre, rend la texture des étoffes

Miranda:
La Grenouillère
La Grenouillère est un café de plein air qui doit son nom aux «grenouilles», jeunes citadines souvent vénales.

Pierre-Auguste Renoir:
La Grenouillère, 1869

zébrées par le soleil et note des détails de la mode. Tandis que sa version, bâtie autour du centre du tableau, crée une atmosphère feutrée, celle de Monet, avec ses ombres également réparties et ses traits blancs aux marges de la toile fait naître une image tri-dimensionnelle dont le dynamisme parcourt toute la surface. Cette tension qui fuse vers les bords est une constante dans les compositions de Monet. Mieux que dans *Au bord de l'eau* (ill. p. 22) et *Terrasse à Sainte-Adresse* (ill. p. 21), l'artiste réussit ici à la fois à rendre la texture de l'eau et à l'utiliser comme moyen pictural. Désormais, les tableaux de Monet perdent le soupçon de raideur qui donnait à *Femmes au jardin* (ill. p. 16) et à *Terrasse à Sainte-Adresse* des allures de décors d'opérette.

Des images comme celle de la Grenouillère s'inscrivent dans une longue tradition qui connut son âge d'or à l'époque galante d'Antoine Watteau. Pourtant, ce n'est plus une intimité idyllique que décrivent les impressionnistes, ici Renoir plus encore que Monet, mais de turbulentes réunions, comme les décrit notre Monsieur Bartaval. Les scènes de bain ou les régates de Monet témoignent de cette nouvelle industrie des loisirs, qui va permettre aux citadins de «consommer» de la nature. Ces toiles, dimanches à la campagne ou vues du nouveau Paris, sont plus que contemporaines: elles sont les documents d'une modernité quotidienne.

La Grenouillère, 1869
Le «pot de fleur» dit aussi «le camembert», cette petite île-plongeoir avec son arbre au milieu, était un joli sujet pour les premières toiles impressionnistes de Monet et de son ami Renoir qui l'ont peint de concert. Malgré leur ressemblance, les deux tableaux nous en disent long sur les différences fondamentales entre les deux peintres

On a du mal à comprendre aujourd'hui que ces évocations de vie insouciante, de loisirs, de parties de campagne aient pu provoquer si dure critique et refus aussi opiniâtre de la part des instances officielles et du public. Sans doute peut-on l'expliquer par trois facteurs principaux: la technique picturale, l'emploi de la couleur et le traitement de la personne humaine. Pour rendre les couleurs et la lumière telles qu'ils les percevaient en peignant en plein air, les artistes développèrent une écriture particulière qui se caractérise par des coups de pinceau souples et de petites taches en forme de virgule où se côtoient teintes claires et teintes foncées sans coloris intermédiaires. Le procédé aurait été accepté pour une ébauche mais pas pour le tableau fini, qui devait fournir les preuves de l'habileté technique de l'artiste. Ce qui cho-

A GAUCHE:
Le port de Zaandam, 1871

EN BAS:
William Turner:
Yacht s'approchant de la côte, 1838–1840
A Londres, Monet découvre l'œuvre de Turner, de trois générations son aîné, et qui, avec son style atmosphérique aux formes dissoutes dans la lumière, est un précurseur de l'impressionnisme.

quait particulièrement, c'était que, par leurs dimensions, ces toiles donnaient à croire qu'elles étaient des œuvres au sens traditionnel du mot. A cela s'ajoutait que pour un public habitué à la palette terne des naturalistes et aux couleurs froides, métalliques d'un Ingres et de ses élèves, les toiles éclatantes de Monet devaient paraître criardes et provocantes. Ingres, qui faisait autorité dans la peinture académique de l'époque, décrétait que le dessin était la base de la peinture.

Elève du classiciste Jacques-Louis David, fervent admirateur de Raphaël, il avait l'approbation de la grande bourgeoisie, qui lui commandait force portraits, pour sa peinture aux personnages bien achevés, aux couleurs douces et au tracé pondéré. La ligne directrice était le tracé harmonieux, élégant, imité des antiques. «Tracez des lignes, beaucoup de lignes», avait inculqué Ingres à ses élèves. La couleur était accessoire. Ingres, et avec lui la plupart des peintres académiques, furent toute leur vie en conflit avec Delacroix qui, justement, mettait la couleur au-dessus de tout et qui, comme Courbet et Manet après lui, dut se battre longtemps avant d'exposer au Salon. Pourtant, même la peinture en clair-obscur d'un Delacroix, dans laquelle formes et couleurs surgissent de nulle part et se combinent comme par hasard en un

personnage au centre de la toile, paraissait, par comparaison avec l'écriture en virgules, basée sur un chromatisme triomphant, des impressionnistes, presque traditionnelle.

La peinture de personnages jouissait d'une telle faveur qu'on peut penser que c'est la façon dont la traitaient Monet et ses amis qui a tant irrité leurs contemporains. Les peintres académiques avaient fait le portrait de Monsieur Tout-le-monde en Léonidas ou en Ulysse, de sa bourgeoise en belle Hélène ou vertueuse Diane, tout en les idéalisant à l'antique. Le citoyen qui se promène dans un tableau de Monet est représenté comme un petit fanion battant au vent. Tout comme une touffe d'herbe ou un nuage de fumée, il n'est ni plus ni moins qu'un support de la lumière. «C'est donc à cela que je ressemble, tandis que je flâne boulevard des Capucines?... La peste m'emporte, vous moquez-vous de moi?», s'enflamme le critique Louis Leroy devant *Le Boulevard des Capucines* de Monet (ill. p. 33), montré au public en avril 1874, lors de la première exposition commune.

Après avoir été tenus hors des sphères officielles pendant plus d'une décennie, les jeunes peintres avaient décidé de prendre eux-mêmes leur affaire en main. Une «Société anonyme coopérative d'artistes-peintres, sculpteurs,

Impression, soleil levant, 1873
Cette toile qui capte l'ambiance matinale du port du Havre a donné son nom à la nouvelle école de peinture. Leroy, critique au «Charivari», ajoute: «Un papier peint est plus travaillé que cette marine.»

C'est dans l'ancien atelier du photographe Nadar qu'a lieu le 15 avril 1874 la première exposition des jeunes peintres qui deviendront les impressionnistes.

EN HAUT:
Le Boulevard des Capucines (détail)

ILLUSTRATION PAGE 33:
Le Boulevard des Capucines, 1873
Monet rend le flot incessant des passants et des équipages sur ce boulevard à la mode dans une écriture vibrante, aérienne, lumineuse. Devant cette toile, l'œil saisit un tout sans s'arrêter aux détails.

graveurs etc…» réunit Monet, Renoir, Pissarro, Sisley, Degas, Cézanne et beaucoup d'autres, pour exposer pour la première fois leurs travaux indépendamment du Salon. L'entreprise n'est pas un succès. Alors que 8 000 à 10 000 visiteurs passent chaque jour au Salon, l'exposition n'en attire que 175 le premier jour et 54 le dernier, dont certains ne viennent que pour s'amuser. Mais c'est en cette occasion que le groupe reçoit le nom qui dorénavant les désignera: «L'exposition des Impressionnistes» tel est le titre de l'article éreintant du peintre et écrivain Louis Leroy dans le «Charivari» dans lequel il s'en prend à la toile de Monet *Impression, soleil levant* (ill. p. 31): «Impression – je le savais bien! Je me disais justement, si je suis impressionné c'est qu'il y a là une impression. Et quelle liberté, quelle légèreté du pinceau! Un papier peint est plus travaillé que cette marine.»

Ce tableau rend, en couleurs transparentes et à traits fins, l'atmosphère de l'aube dans le port du Havre; la lumière orange du soleil s'y exprime en quelques traits hardis dans un camaïeu de gris. Bien que mâts et cheminées disparaissent dans la brume, ils forment malgré tout une armature graphique, une composition en verticales et diagonales qui structure la toile et la dynamise. Le tracé, léger, esquissé qui traduit la vérité de l'instant de manière très immédiate scandalise le public qui le trouve brutal et cru.

Le nom donné au groupe, d'abord ironiquement, est bientôt accepté et, peu après l'article du «Charivari» un critique favorable aux jeunes artistes écrit: «Si l'on voulait en un mot caractériser leurs intentions il faudrait créer la notion nouvelle d'impressionnistes. Ils sont impressionnistes en cela qu'ils ne reproduisent pas un paysage mais l'impression qui s'en dégage.»

Aujourd'hui, l'impressionnisme ne nous apparaît pas comme une révolution ni comme le fait d'un seul peintre mais plutôt comme le prolongement d'idées, de techniques et d'observations que l'on a vu émerger à diverses reprises au cours du 19ème siècle mais qui ne furent formulées aussi radicalement que par Monet et ses amis. Par impression on signifie enregistrer un paysage, un sujet tel qu'il existe dans l'instant. Un tel regard ne tient pas compte de la profusion des détails. Ce n'est qu'en prenant le temps d'examiner des maisons, par exemple, ou la foule des passants, qu'apparaissent certaines fenêtres, certains motifs architecturaux, un chapeau à la mode ou un visage grave: mais c'est alors le cerveau qui prend le pas sur l'œil, qui efface l'impression première et la remplace par l'expérience, la convention ou l'imagination. C'est la vision première, hors catégories et données traditionnelles que recherchaient les impressionnistes, Monet en tête: il ouvrait les yeux, voyait les masses de couleurs, les surfaces, l'espace tels qu'ils apparaissaient dans la lumière et couchait ces notations sur la toile. «Il n'était qu'un œil, mais quel œil!» On cite toujours cette phrase de Cézanne au sujet de Monet pour souligner sa préoccupation majeure. Rendre cette instantanéité est le but de sa vie, dira-t-il plus tard. Et ce sera souvent son désespoir car il y a un paradoxe irréductible à vouloir fixer le fugitif.

Les ponts d'Argenteuil

Ces mêmes dames aux larges robes bruissantes et aux ombrelles ondulant avec grâce, ces pique-niqueurs en forêt ou ces baigneurs de Bougival qui nous semblent si romantiques aujourd'hui étaient des sujets extrêmement modernes pour les contemporains de Monet. «Etre de son temps», telle était la devise de toute cette génération de peintres face aux tenants des héros antiques et des allégories chevaleresques. Peu l'ont réalisée dans leur peinture de façon aussi conséquente que Monet. Elle se manifeste, au début de sa carrière, dans ses personnages, très proches des images de mode de l'époque, dans les toiles qui célèbrent le nouveau Paris, dans les cheminées du Havre crachant leur fumée et dans les scènes qui décrivent les loisirs nouveaux.

En automne 1871, la guerre franco-allemande terminée, Monet quitte Londres et vient s'installer à Argenteuil. Il avait passé les années d'hostilités en Angleterre, pour échapper à l'appel. Avec Camille, qu'il a épousée un an auparavant, et son jeune fils Jean, il loue une maison avec un jardin. Un contemporain décrit ce faubourg situé à quelque dix kilomètres au nord-est de Paris comme «une très jolie petite ville bâtie dans une agréable situation sur une petite colline plantée de vignes qui s'abaissent jusqu'au bord de la rive droite de la Seine». Comme Bougival et Asnières, c'est un but de promenade pour les Parisiens. Ses régates élégantes, ses guinguettes et ses baignades mais aussi ses champs de coquelicots sauvages et ses barques qui se balancent doucement au soleil sont autant de sujets pour les peintres et font d'Argenteuil un haut lieu de l'impressionnisme.

A l'exception de courts séjours de travail en Hollande, en Normandie et à Paris, c'est là que Monet vit et peint jusqu'à son départ pour Vétheuil en 1878. La dot de Camille et l'héritage que Monet a touché à la mort de son père permettent pour la première fois à la petite famille une vie aisée. De plus, Monet bénéficie du soutien du marchand Paul Durand-Ruel, dont il a fait la connaissance à Londres. Ce dernier achète à présent régulièrement des toiles de l'artiste, bien qu'il ait d'abord du mal à leur trouver acheteur. Des lettres et des livres de compte soigneusement tenus et laissés à la postérité nous permettent de connaître la situation de la famille Monet: jusqu'en 1875 au moins, elle vit sans soucis d'argent, emploie même deux domestiques et un jardinier. Les peintures de ces années reflètent ce bien-être bourgeois: *Le déjeuner* (ill. p. 36) montre Camille et le petit Jean dans la luxuriance estivale d'un jardin bien tenu. Sur une table recouverte d'une nappe blanche, de tasses de fine porcelaine et d'une cafetière en argent, les robes claires des femmes qui se promènent et le chapeau de paille accroché à une branche

Le pont du chemin de fer à Argenteuil, 1873
Monet traite ici le pont en symbole d'une époque nouvelle. L'ouvrage ne permettait pas seulement aux citadins l'accès à la campagne mais aussi à des industries nouvelles de s'installer dans les faubourgs.

Le pont du chemin de fer à Argenteuil
(détail de l'illustration en haut)

évoquent une oisiveté qui, sans une certaine aisance, serait impensable. Dans le tableau *Un coin d'appartement* (ill. p. 37), nous apercevons l'intérieur de la maison: les lustres massifs, le parquet ciré et le costume marin de l'enfant témoignent du bien-être de cette période.

Monet cultive ses relations avec les marchands et les collectionneurs et il aime inviter des amis: Renoir et Pissarro viennent le voir et c'est à Argenteuil que Manet se laisse gagner à la peinture en plein air dont il s'est si longtemps moqué. C'est aussi à Argenteuil que Monet fait la connaissance du peintre Gustave Caillebotte. Grâce à un héritage, celui-ci est financièrement indépendant et deviendra, dans les années qui suivent, un des premiers grands collectionneurs de peinture impressionniste. Il multiplie les occasions de soutenir Monet et ses amis et de les aider à exposer. Avec sa mort, en 1894, sa magnifique collection, qui comprenait jusqu'à 16 œuvres de Monet parmi lesquelles *La gare Saint-Lazare* (ill. p. 41), *Le déjeuner* (ill. p. 36) et *Régates à Argenteuil* (ill. p. 26), passe à l'Etat français. Il s'écoulera beaucoup de temps avant que les instances officielles ne se décident à exposer certains tableaux. La donation Caillebotte forme le gros de la collection

d'impressionnistes du musée du Louvre, à Paris; elle est aujourd'hui exposée au musée d'Orsay.

C'est à Argenteuil que Monet inaugure son canot. Il l'a transformé en atelier en l'équipant d'une cabine et d'un auvent en toile qui protège du soleil. Il reprend là une idée du peintre paysagiste Daubigny qui, quinze ans plus tôt, peignit sur la Seine et sur l'Oise à bord de son Botin.

On voit l'atelier-bateau de Monet sur plusieurs de ses toiles et Manet l'a peint en 1874 (ill. p. 38). Sur l'eau, Monet peint l'eau, il pénètre au cœur de son sujet. Le vent qui agite doucement les roseaux et le léger mouvement de l'eau, les jeux de reflets et de couleurs sont suggérés de façon si immédiate que celui qui regarde le tableau se sent immergé dans le paysage. Comme il apparaît clairement dans *Le pont d'Argenteuil* (ill. p. 40) et *Les coquelicots à Argenteuil* (ill. p. 39), le fait de peindre dans le cadre-même du sujet, en

ILLUSTRATION PAGE 36 EN HAUT:
Le déjeuner, 1873

ILLUSTRATION PAGE 36 EN BAS:
Pierre-Auguste Renoir:
Monet peignant dans son jardin à Argenteuil, 1873

A DROITE:
Un coin d'appartement, 1875
Les premières années à Argenteuil sont une période bénie pour Monet et sa petite famille. Débarrassé pour un temps des soucis financiers, le peintre trouve, dans une jolie maison avec jardin, le temps et la tranquillité nécessaire pour peindre ses toiles les plus lumineuses.

n'imposant de limites dans aucune direction, permet d'imaginer que le paysage se poursuit en dehors de la toile.

Argenteuil n'est pas seulement un but d'excursion, c'est aussi une florissante petite ville industrielle. Ce caractère de modernité plaît aux impressionnistes. Deux ponts sur la Seine la relient à la capitale. Monet les peint tous les deux. Le plus ancien (ill. p. 40) avait été bâti en bois et pierre. Détruit pendant la guerre de 1870/71, il fut fidèlement reconstruit. Les piliers de bois furent certes remplacés par une structure en fonte mais on fit en sorte de lui conserver un caractère traditionnel. Le deuxième pont (ill. pp. 34, 40) était un pont de chemin de fer et, de ce fait comme du fait des matériaux – béton et pièces métalliques préfabriquées – une construction très moderne, qui n'était pas sans provoquer la critique chez les gens du cru. Si pour certains c'était un élégant ouvrage d'avant-garde, d'autres n'y voyaient qu'un «vilain tunnel à ciel ouvert».

Chez Monet, la différence entre les deux ponts apparaît immédiatement: les images qui représentent l'ouvrage d'ingénierie moderne, avec une perspective fuyante et une lumière froide, presque métallique, sont empreintes de fascination pour les techniques nouvelles, le développement industriel et la vitesse, dont le train est le symbole. Sur l'une de ces toiles, le pont devient le monument d'une époque nouvelle (ill. p. 34). Le vieux pont est d'allure plus rassurante. Par sa forme il exalte la monarchie de Juillet, l'âge d'or de la grande bourgeoisie et par sa fonction, il reste également traditionnel: piétons et voitures à cheval l'empruntent nonchalamment – peut-être pour gagner un caboulot ou un lieu de baignade (ill. p. 40). Représenté dans la lumière de l'après-midi, le pont est tout simplement à sa place. Comme tout ouvrage, il signifie aussi une mainmise sur la nature, une domestication, une manifestation de civilisation. Les paysages d'Argenteuil ne nous montrent ni nature sauvage ni douceur arcadienne, ils sont pleins de soleil, de joie, de paix et d'harmonie mais ils tiennent compte du présent. Ils sont civilisés.

A GAUCHE:
Edouard Manet:
Claude Monet et sa femme dans son studio flottant, 1874
En visite à Argenteuil, Manet peint son ami qui, depuis son bateau, fait un croquis de la rive. A la porte de la cabine, Camille, silencieuse, réservée, tient compagnie à Monet.

A DROITE:
Le bateau-atelier, 1874

Lorsqu'on regarde un tableau de Monet, on a tendance à partir du principe d'immédiateté, à y voir quasiment un instantané. On oublie qu'il s'agit en fait de compositions très structurées, construites, pourrait-on presque dire. Très fréquemment, Monet y introduit une symétrie axiale que les peintres académiques s'efforçaient d'éviter car elle entraîne un nivellement de l'image qui met en péril l'illusion de la profondeur. Or c'est justement cela qui intéresse Monet. C'est cet effet d'aplatissement, jeté sur toute l'image comme un filet, qu'il recherche.

Cela se remarque très nettement dans la version du *Pont d'Argenteuil* (ill. p. 40) qui se trouve à la Neue Pinakothek de Munich: de strictes lignes horizontales et verticales s'y entrecroisent, formant un réseau qui fixe la structure de l'image en surface. Pourtant, la couleur environnante lui redonne de la profondeur: la face des piliers se détache en ocre clair du gris-vert des côtés; il en est de même pour les arches de métal ajouré. Dans l'eau aussi, se côtoient deux tons de bleus différents. Le plus sombre fait ressortir le clair ou, le cas échéant, le clair se profile sur le sombre. Ainsi, au cœur de l'organisation linéaire sans relief de l'image, on voit apparaître nait une plasticité des formes et une profondeur de champ obtenue par des moyens picturaux, c'est à dire par effets de couleur, et c'est bien cela que recherche le peintre.

Les coquelicots à Argenteuil, 1873
«En vrai Parisien, il emporte Paris à la campagne», disait Emile Zola du jeune Monet. «Il ne peut pas peindre un paysage sans y mettre des dames et des messieurs en grande toilette. On dirait que la nature ne l'intéresse que si elle porte la marque de nos mœurs.» Mais, avec le temps, les personnages disparaissent des paysages de Monet et les traces de civilisation cèdent la place au sentiment de la nature.

Le pont d'Argenteuil, 1874
Dans la lumière de l'après-midi se dresse,
massif et rassurant, le pont d'Argenteuil.
L'arche du milieu encadre une colline fertile
du val de Seine tandis qu'on aperçoit par celle
de droite le nouveau pont de chemin de fer.

Le pont du chemin de fer, Argenteuil, 1873
Monet représente en contre-jour le pont de
chemin de fer qui date des années soixante.

On observe un principe semblable dans les toiles de la gare Saint-Lazare, que Monet peint en 1877 (ill. p. 41). Cela faisait longtemps que l'édifice fascinait le peintre et si l'on doit en croire le récit que fit Renoir de la «prise» de la gare par Monet, on se dit qu'il n'a pas manqué d'audace pour atteindre son but. «Il revêtit ses plus beaux habits, fit bouffer la dentelle de ses poignets et, jouant négligemment d'un jonc à pommeau d'or, fit passer sa carte au directeur des chemins de fer de l'ouest à la gare Saint-Lazare. L'huissier, médusé, l'introduisit aussitôt. ‹Je suis le peintre Claude Monet.› Le directeur en question ignorait tout de la peinture mais n'osait l'avouer. Monet le laissa patauger quelques instants puis daigna lui annoncer la grande nouvelle. ‹J'ai décidé de peindre votre gare. J'ai longuement hésité entre la gare du Nord et la vôtre mais je crois finalement que la vôtre a plus de caractère.› Il obtint tout ce qu'il voulut. On arrêta les trains, on évacua les quais, on bourra les locomotives de charbon pour leur faire cracher la fumée qui convenait à Monet. Celui-ci s'installa dans cette gare en tyran, y peignit au milieu du recueillement général des journées entières et finalement partit avec une bonne demi-douzaine de tableaux…»

La gare Saint-Lazare, arrivée d'un train, 1877
Comme dans les toiles représentant les ponts, Monet recherche ici la structure linéaire du lieu. La fumée, la vapeur, la lumière incidente habillent l'image, animent l'espace. La gare, cathédrale des temps modernes.

Les déchargeurs de charbon, 1875
On voit dans cette toile représentant des péniches chargées de charbon amarrées sous un pont comment Monet, influencé par l'art japonais de l'estampe, relie les éléments de l'image en une grille. Le sujet occupe tout l'espace en un enchaînement ryhthmique.

Comme pour les ponts, Monet recherche ici la structure linéaire de l'ouvrage. Ici aussi, il l'habille de fumée, de vapeur et de lumière, ce qui rétablit l'illusion de la profondeur. Ce type de composition est fortement marqué par les estampes japonaises que l'artiste s'était mis à collectionner depuis son séjour en Hollande, en 1871. Ce qui le passionnait dans ces feuillets c'était une structuration de l'image nouvelle pour le regard occidental de l'époque, une façon originale de couper par le bord de la feuille certains de ses éléments et de décentrer le sujet principal. *Les déchargeurs de charbon* (ill. p. 42) montrent clairement comment Monet relie les éléments de la toile en une grille. Le sujet occupe toute la surface de la toile en un enchaînement rythmique.

Le Japon ne s'était ouvert à l'Occident que depuis la mi-siècle pour devenir très à la mode dans les métropoles européennes. En peignant *La Japonaise* (ill. p. 43), c'est à cette mode que sacrifie Monet. Habillée d'un magnifique kimono rouge dont les broderies en relief semblent s'animer, Camille pose, tournée vers le peintre. Sa position rappelle celle de la *Femme à la robe verte* (ill. p. 15) mais ici elle ne s'apprête pas à partir: le regard enjôleur, elle s'évente.

Au mur sont accrochés une bonne douzaine d'éventails en folie. On pourrait voir dans ce tableau une concession au goût du jour et, effectivement, Monet réussit à le vendre pour la somme respectable de 2.000 francs, lors de la deuxième exposition impressionniste. Il est certain qu'avec sa facture légère, son atmosphère confinée il est plus conventionnel que d'autres, *La promenade*, par exemple (ill. p. 24) qui date de la même année. Mais Monet a coiffé Camille, dont le type n'avait rien d'asiatique, d'une perruque blonde et lui a mis à la main un éventail tricolore. Il n'y a pas que la manière du peintre qui se travestit, la toile entière est une mascarade, une farce japonisante à la mode de Paris.

Utagawa Hiroshige:
La côte à Kujukuri dans la province de Kazusa, 1853–1856

ILLUSTRATION PAGE 43:
La Japonaise, 1875

Hiver à Vétheuil

Durant les dernières années à Argenteuil, le peintre avait déjà connu des difficultés d'argent et le problème pesait de plus en plus lourdement sur son inspiration. Durand-Ruel avait fait le plein de tableaux et, ne trouvant que difficilement à les vendre, avait dû restreindre ses achats. D'une façon générale, la situation économique empirait. Après une légère impulsion, les conséquences négatives de la défaite se faisaient sentir. L'exposition commune des impressionnistes fut, une fois encore un échec public et provoqua le tollé de la critique.

Albert Wolff du «Figaro» ne cache pas son mépris envers les peintres novateurs: «La rue le Peletier a du malheur. Après l'incendie de l'opéra voici un nouveau désastre qui s'abat sur le quartier. On vient d'ouvrir chez Durand-Ruel une exposition qu'on dit être de peinture… Cinq ou six aliénés, dont une femme, un groupe de malheureux atteints de la folie de l'ambition s'y sont donné rendez-vous pour exposer leurs œuvres… Ils prennent des toiles, de la couleur et des brosses, jettent au hasard quelques tons et signent le tout.» De tels articles n'ont pas seulement un intérêt anecdotique, ils témoignent d'une tradition de l'éreintement, typique des journaux de l'époque. Les auteurs, armés de leur plume la plus acérée, plaisaient pour leur esprit sarcastique et leurs jugements sans appel. Sous couvert de défendre les valeurs de la peinture académique, ils étaient capables, souvent pour le seul plaisir du bon mot, de briser une carrière. Leurs décrets ne portaient pas seulement atteinte à la réputation de l'artiste, ils influaient aussi sur ses ventes et, comme ce fut le cas pendant plus de vingt ans pour les impressionnistes, discréditaient mécènes et collectionneurs en les faisant passer pour des débiles mentaux ou, au mieux, pour des aveugles.

Ernest Hoschedé faisait partie de ceux qui ne tenaient pas compte de ce genre de critique. Riche marchand, propriétaire d'un château, il avait commencé assez tôt, non sans arrière-pensée de spéculation, une importante collection d'œuvres impressionnistes. En été 1876, il commanda à Monet des panneaux pour un salon de son château de Montgeron. Mais, un an plus tard, ce fut la faillite. Lors de la vente forcée qui s'ensuivit, des tableaux de Monet partirent pour des prix dérisoires. La toile *Impression, soleil levant* (ill. p. 31), par exemple, que Hoschedé avait achetée 800 francs lors de la première exposition des jeunes peintres, change de main pour un quart de son prix.

Pour les impressionnistes, cette vente est une catastrophe. La chute des prix, alors que ceux-ci commençaient tout juste à se consolider, donne à Monet le sentiment que tout est à recommencer. Il aborde la quarantaine et se re-

Portrait de Camille Monet (?), 1866/67
Ce dessin à la sanguine, un des rares dessins de l'artiste à nous être parvenu, représente Camille Doncieux, la maîtresse et la femme de Monet, mère de ses deux fils. On ne peut cependant pas être absolument sûr de l'identité du personnage ni de la date de l'œuvre.

Eglise de Vétheuil, neige, 1879

Camille Monet sur son lit de mort, *Camille Monet sur son lit de mort*, 1879
Monet peint sa femme morte dans la lumière
du jour qui se lève. S'il n'est pas un portrait
mortuaire classique, fait pour conserver les
traits d'un visage aimé, ce tableau est le témoi-
gnage intime d'une terrible épreuve.

trouve là où il en était dix ans auparavant. «De plus en plus dur, depuis
avant-hier, plus un sou et plus de crédit chez le boucher ni chez le boulanger.
Quoi que j'aie foi en l'avenir vous voyez que le présent est bien pénible…
Ne pourriez-vous m'envoyer par retour du courrier un billet de vingt francs?
Cela me rendrait service pour le quart d'heure.» En cette seconde moitié des
années soixante-dix, Monet écrit d'innombrables lettres pour demander de
l'argent: à Manet, à Durand-Ruel, à d'autres amis et connaissances. Lui si
fier, si énergique se plaint, gémit, se rabaisse et maudit son œuvre. Il en devient presque un théoricien de la supplique. Il adjure ses collectionneurs de
lui prendre des lots entiers de tableaux à des prix dérisoires. Après un séjour
à Paris, la famille, qui compte un membre de plus en la personne du petit
Michel, s'installe en été 1878 dans une petite maison à Vétheuil. Les
Hoschedé, ruinés, la rejoignent avec leurs six enfants.

Quelques journées d'automne ensoleillées redonnent du courage à Monet
qui écrit: «Vous avez peut-être su que j'avais planté ma tente au bord de la

La débâcle près de Vétheuil, 1880
Le dur hiver 1879/80 et une soudaine re
montée des températures ont transformé le
fleuve: des blocs de glace flottent sur les eaux
qui s'éveillent. Les saules et les buissons de la
berge, les peupliers de l'arrière-plan, tels des
doigts fatigués, pointent vers un ciel chargé
qui semble ne jamais pouvoir s'éclaircir.

Vétheuil dans le brouillard, 1879
Le village apparaît comme un mirage dans la
brume matinale. La toile avait été achetée à
Monet par Jean-Baptise Faure, baryton réputé
de l'opéra de Paris, qui la lui avait prompte-
ment rapportée: elle lui plaisait beaucoup
mais ses amis ne cessaient de se moquer de
lui en lui disant que la toile était vide. Monet
la gardera jusqu'à la fin de sa vie, refusant de
la vendre pour quelle que somme que ce fût.

Paul Durand-Ruel, de dix ans l'aîné de Monet, était le fils d'un marchand de tableaux parisien. Il avait appris son métier dans la galerie familiale et devint le grand marchand des impressionnistes.

Seine à Vétheuil dans un endroit ravissant…» De son bateau-atelier sur la Seine, il peint la rive et le petit village avec son église romane. Mais la situation financière reste mauvaise, désespérée, même. «Je commence à ne plus être un débutant et il est triste d'être à mon âge dans une telle situation, toujours obligé de demander, de solliciter une affaire. Je revis doublement mon infortune en ce moment de l'année et 79 va commencer comme cette année a fini, bien tristement, pour les miens surtout, auxquels je ne puis faire le plus modeste présent.»

Depuis un certain temps, sa femme est en mauvaise santé, sans doute à la suite d'un avortement mal fait; elle ne se remettra pas. Camille Doncieux, l'unique modèle de Monet, la femme à la robe verte, celle qui flânait en ombrelle et claires robes d'été parmi les prés et les champs de coquelicots (ill. p. 24) et qui était devenue la Muse rayonnante de l'impressionnisme meurt le 5 septembre 1879.

Elle n'a que 32 ans et laisse deux petits garçons et un mari désespéré, qui en veut au monde entier et à lui-même. «Un jour, me trouvant au chevet d'une morte qui m'avait été et m'était toujours très chère, je me surpris, les yeux fixés sur le temps tragique, dans l'acte de chercher machinalement la succession, l'appropriation des dégradations de coloris que la mort venait d'imposer à l'immobile visage. Des tons de bleu, de jaune, de gris, que sais-je? Voilà où j'en étais venu. Bien naturel le désir de reproduire la dernière image de celle qui allait nous quitter pour toujours. Mais avant même que s'offrît l'idée de fixer des traits auxquels j'étais si profondément attaché, voilà que l'automatisme organique frémit d'abord aux chocs de la couleur, et que des réflexes m'engagent, en dépit de moi-même, dans une opération d'inconscience où se reprend le cours quotidien de ma vie. Ainsi de la bête qui tourne sa meule. Plaignez-moi mon ami.»

Durand-Ruel fut le premier à prendre sous contrat un artiste et à lui acheter toute sa production, en le payant sous forme d'avances. Ainsi commanda-t-il à Monet, dans une période où l'artiste avait des difficultés financières, des panneaux de fleurs pour les portes du salon de son appartement.

Poires et raisin, 1880
Les natures mortes n'eurent d'importance chez Monet qu'autour de 1880. Malgré l'admiration qu'elles suscitaient, il n'en peignit que peu.

Pourtant, le portrait de Camille sur son lit de mort est plus qu'une étude sur la lumière. Monet a immortalisé le visage de Camille dans un de ses rares dessins (ill. p. 45). Son regard sérieux, intense, sa bouche tendre et sensible laissent entrevoir une âme chaleureuse et patiente. Mais sur cette toile, ses traits ne parlent plus. Son visage, à peine esquissé repose sur l'oreiller et paraît sombrer dans une nuit glacée. une chaude lumière tombe sur un côté de la toile, comme si le peintre voulait, une dernière fois, réchauffer le visage de la morte. Mais seules quelques corolles du bouquet posé sur sa poitrine accrochent la lumière. Le trait de Monet se fait bouleversé, furieux, sauvage, déchiré mais aussi, parfois, tendre à pleurer. C'est l'opposition entre le froid de la mort et la lumière de cette journée, qui commence pour ceux qui continuent à vivre, qui donne valeur universelle à cette toile dont l'écriture est si personnelle.

Les tableaux que peint Monet pendant l'hiver qui suit sont comme un écho de ce qu'il vient de vivre. Il a déjà peint la neige, une neige étincelante, éclairée par le vif soleil d'hiver qui jette des ombres d'un bleu brillant. Il a peint aussi de sombres et boueuses journées de février, des paysans qui

Cabane du douanier à Varengeville, 1882

avancent péniblement dans leurs sabots alourdis et dont on ressent presque les pieds gelés. Mais cet hiver, à Vétheuil, il le voit différent: il le voit glacial, gris et surtout vide, solitaire. Pas d'oiseau, pas de personnage décoratif dans ces toiles, rien que des morceaux de glace charriés par le fleuve (ill. p. 47). Le soleil est une planète froide. On a le sentiment que la douloureuse expérience de la mort a pénétré ces paysages.

De cette époque date aussi l'éloignement des autres impressionnistes qui reprochaient à Monet d'être trop individualiste. Le peintre tente une fois de

Cabane du douanier à Varengeville, 1882

La promenade sur la falaise, Pourville, 1882
Monet aimait non seulement la surface on-
doyante de ces falaises de la côte normande
mais aussi les angles de vision originaux
qu'elles lui offraient.

plus d'exposer au Salon et, en effet, le jury retient une de ses toiles mais l'ac-
croche en très mauvaise place. Pendant l'hiver 1881/82, il déménage à nouveau pour Poissy, petite ville située à une vingtaine de kilomètres de Paris.
Malgré le manque de charme du paysage – une fois installé, Monet écrit à
un galeriste: «Jusqu'à aujourd'hui Poissy ne m'inspire absolument pas» –
l'année 1882 est productive. Au cours de plusieurs voyages à la côte normande Monet peint à des heures et sous des angles différents la *Cabane du
douanier à Varengeville* (ill. p. 50) ainsi qu'une petite chapelle dominant la
mer et, à diverses reprises, les falaises de la côte. Elles lui servent de sujet et
aussi de perchoir pour d'autres sujets, vus sous des angles nouveaux. On
sent poindre l'idée des séries.

«C'est un vrai Monet» se serait écrié Rodin en voyant la mer pour la première fois. Le peintre du fleuve devient le peintre de la mer. Il tient de soli-
taires dialogues avec son sujet. Par un froid glacial, emmitouflé de couvertures et de manteaux, éclaboussé par les embruns, Monet étudie la mer. Il approche toujours plus près ses sujets monumentaux. Les hauts murs des falaises deviennent des écrans où se projette la lumière; les reflets de l'eau y

Les «Pyramides» de Port-Coton, 1886
Pendant l'hiver 1886, Monet écrit de Bretagne
à Durand-Ruel: «La mer est d'une beauté in-
croyable et peuplée de rochers fantastiques…
Je suis enthousiasmé de cette terrible contrée
et cela parce qu'elle me pousse à sortir de ce
que j'ai l'habitude de faire. Je dois avouer que
j'ai bien du mal à rendre cet aspect sombre et
effroyable.»

rencontrent la lumière du jour. *La Manneporte* (ill. p.53), énorme arche ro-
cheuse près d'Etretat, se mesure en une lutte élémentaire avec l'eau et l'im-
mensité de l'océan. Monet arrache chacun de ses sujets aux intempéries – et
il tient bon. Comme jadis dans son conflit avec le père, exposé aux critiques
blasés et au public qui le condamne d'avance, c'est toujours dans l'opposition qu'il progresse. A Etretat, à Belle-Ile, ses sujets sont d'âpres rochers,
une mer déchaînée, un ciel dont les couleurs et l'intensité lumineuse changent sans cesse. Sans relâche, il étudie la lumière et ses variations conti-
nuelles. A présent, les personnages ont totalement disparu de ses œuvres. En
fait, contrairement à Manet ou Degas, Monet n'a jamais vraiment peint la
personne humaine. Au début de sa carrière, la lumière tombant sur un visage
à travers une ombrelle l'intéressait déjà bien plus que le visage lui-même.
Plus tard, les personnages lui servirent à structurer l'espace dans ses paysages. S'ils apportaient une dynamique, un rythme, ils restaient sans histoire.
Seules, deux toiles plus tardives représentant Suzanne Hoschedé le ramènent
au thème du personnage dans la nature. Mais elles sont moins des œuvres à
part entière que des réminiscences des jours heureux à Argenteuil (ill. p.56).

La Manneporte près d'Etretat, 1886

Monet a fui Vétheuil, il n'a pu trouver la paix à Poissy et, à présent, en 1883, il loue une maison à Giverny et s'y installe avec tout son clan. Le maigre déménagement passe d'une rive à l'autre de la Seine et le peintre, ses deux fils, Alice Hoschedé et ses six enfants investissent la vaste et simple maison de campagne. Une période plus tranquille, plus heureuse, commence. C'est le dernier changement de résidence de Monet. Il va passer la seconde moitié de sa vie à Giverny et y trouver la paix et la force d'y accomplir son œuvre. Au début des années quatre-vingt, le marché s'anime un peu pour les impressionnistes. Durand-Ruel s'engage à fond pour les peintres et, au printemps 1883, une exposition Monet dans sa galerie aura de bonnes critiques, même si elle n'est guère suivie de ventes. Quelques années plus tard le marchand ouvrira une galerie à New York et les toiles de Belle-Ile et des travaux rapportés des voyages du peintre à la Riviera et à la Côte d'Azur auront un grand succès.

Peupliers au bord de l'Epte,
vue du marais, 1891

Concentration et répétition: les séries

Monet imaginait parfois être né aveugle, retrouver subitement la vue et se mettre à peindre ce qui se trouvait devant lui sans savoir de quoi il s'agissait. C'est ce tout premier regard du peintre sur son sujet qui lui semblait le plus honnête car le moins mêlé de projections et d'idées toutes faites. Cette préoccupation l'amena à étudier les variations atmosphériques d'une image. Le sujet n'est pas ce qu'il est mais ce que la lumière en fait. Il avait déjà, par le passé, peint plusieurs versions du même thème dans des ambiances ou sous des angles différents: le Pont d'Argenteuil, par exemple, par soleil et par temps de pluie, en entier, vu de loin et de près, dans le détail de sa structure; Vétheuil et sa pittoresque petite église d'un même point de vue, par brouillard comme par grand beau temps. Avec les années, ces études deviennent de plus en plus systématiques. Monet interroge son sujet avec une persévérance quasi-scientifique: ces travaux impressionnistes donnent naissance aux séries des meules de foin, des peupliers et finalement de la cathédrale de Rouen. Le principe restera valide jusqu'à la fin de la vie de l'artiste dans les toiles de nymphéas.

Vers 1890, Monet travaille à une série dont le sujet était, pour le goût de l'époque, presque simpliste: ce sont les *Meules* (ill. pp.58, 59). Qu'il la peigne en gros plan ou qu'il y ajoute une seconde meule, au centre de l'image on trouve toujours la même forme simple et compacte. Elle se révèle cependant chaque fois de façon différente: elle se dissout en vibrations dans les rayons rouges du soleil couchant ou elle se dresse, inerte et muette, dans la neige boueuse.

A peu près à la même époque, Monet peint une allée de peupliers sur les bords de l'Epte (ill. pp.54, 55) et, là aussi, il évoque ce thème à différents moments du jour et de l'année. Mais, contrairement aux massives meules de foin, on a ici une volonté de réaliser une composition linéaire. Comme il l'avait fait pour les toiles représentant les ponts et les gares, Monet bâtit avec les verticales des arbres, l'horizontale de la rive et les verticales des reflets un chassis linéaire en forme de grille. Celle-ci est habillée du voile atmosphérique des rayons du soleil perçant la brume automnale. Dans d'autres toiles, la lumière brillante de l'été, captée par les feuilles des arbres, transforme le sujet en un scintillant tissage.

D'autres artistes, avant Monet, avaient déjà peint des variations d'un même thème. Ce qui, chez Monet, fait que l'on peut parler de série c'est la volonté de faire coexister une structure de l'image constante avec une grande diversité d'états. C'est avec les toiles qu'il a peintes entre 1892 et 1894 de la cathédrale de Rouen (ill. pp.60, 61) qu'il a poussé le plus loin

EN HAUT:
Les peupliers, trois arbres roses, automne, 1891

EN BAS:
Les trois arbres, été, 1891

A GAUCHE:
Essai de figure en plein air, vers la droite,
1886

A DROITE:
Essai de figure en plein air, vers la gauche,
1886
C'est la belle-fille de Monet, Suzanne Hoschedé, qui pose à la place de Camille. Ces toiles
en pendants – il ne s'agit pas d'une série –
sont les deux dernières dans lesquelles Monet
s'attachera à représenter la figure humaine en
plein air et en gros plan.

l'expérience. L'imposant édifice, dont l'histoire remonte au 12ème siècle,
est un joyau de l'architecture française du Moyen-Age. En février 1892, Monet loue pour la première fois une petite chambre qui donne sur la façade
ouest richement décorée de sculptures et de remplages de style gothique. Au
cours de cette fin d'hiver, et l'année suivante à pareille époque, il peint la cathédrale de trois angles à peine différents. Sans doute les données géométri-
ques des trente toiles eussent-elles été presque identiques si Monet avait pu
garder la même chambre.

Jamais auparavant un peintre ne s'est placé si près de son sujet. Non seulement l'espace est entièrement occupé par le portail central et une partie des
tours mais on peut dire qu'entre tableau et façade il y a identité. Ce que Monet a fixé ici ce sont des effets de lumière fugitifs des heures entre le moment où la brume matinale se lève et celui où s'éteignent les derniers rayons
du soleil. Ici, l'édifice émerge mystérieusement des nuées, là, sa façade res-
plendit dans la chaude lumière matinale, là encore, les rayons du couchant
animent la façade dont la structure est filigrane.

Monet travaille à cette série pendant deux années consécutives, à divers
moments de la journée entre début février et fin avril. Il raconte que certaines de ces impressions ne duraient que quelques minutes. En mars 1893,
il écrit à Durand-Ruel: «Je travaille à force, mais je ne puis songer à faire au-

tre chose que la cathédrale. C'est un travail énorme.» La troisième année, il retravaille toutes les vues de la cathédrale dans son atelier. Il reprend toutes les versions en même temps et ne veut laisser sortir aucune toile avant que toutes ne soient achevées. Ces repeints produisent une matière épaisse, au grain apparent qui évoque le crépi. Si l'éclairage d'un instant a été le point de départ de chaque toile, ce re-travail en atelier est tout aussi important pour l'œuvre achevée. Dans le contraste d'une toile à l'autre naissent des harmonies faites de tonalités peu nombreuses, souvent complémentaires. La trame en filigrane de la façade donne lieu à une structuration de plan au rythme vif.

Dans ces études de lumière d'Argenteuil et de Vétheuil, Monet avait voulu donner à son œil l'objectivité d'un appareil qui enregistrerait des impressions quasi-photographiques, adjectif qui a aussi été appliqué aux séries des années 90. Pourtant, la subjectivité affective du peintre y joue son rôle. Les effets de couleur sont plus inventés en analogie avec le réel que fidèlement rendus. A un usage de la couleur imaginatif répond une utilisation très libre des moyens picturaux. Même si c'est bien l'expérience visuelle subjective, vécue de façon fugitive à un moment de la journée qui est à la base de chaque tableau, l'œuvre achevée va plus loin. Le sujet y perd à la fois ses détails et son individualité matérielle. Débarrassées de toute résonnance anecdotique, les toiles deviennent intemporelles et donc monumentales.

Cette époque des séries est aussi celle où les œuvres de Monet sont de plus en plus recherchées. Il n'échappera pas au reproche que lui font ses amis peintres de vouloir satisfaire à la demande. Effectivement, les séries plaisent. Toutes les toiles de meules se vendent en quelques jours lors d'une exposition, en 1891. Mais le peintre se montre si critique qu'il lui arrive à plusieurs reprises de détruire des séries entières. Qui plus est, les toiles sont si manifestement le résultat d'une étude intense des changements de la matière qu'on ne peut guère accuser l'artiste de «faire de la série».

Enfin, après des années de sacrifices, d'humiliations, Monet a du succès. Il est reconnu et devient l'un des premiers peintres de son époque. La série des cathédrales n'est pas seulement un point culminant de la carrière d'un homme mûr, elle en marque le décollage. Une autre exposition tenue en 1895 chez Durand-Ruel de vingt des quelque trente toiles de la cathédrale est, elle aussi, un grand succès. L'ami de Monet, le politicien et futur premier ministre Georges Clemenceau cherche à faire acheter l'ensemble à l'Etat français. Mais les préjugés des instances officielles sont encore trop forts pour que cela se fasse. La série sera dispersée aux quatre vents.

La cathédrale de Rouen, vers 1900

Meules, vers 1888/89
«Le sujet a pour moi une importance secondaire; je veux représenter ce qui vit entre l'objet et moi.»
Claude Monet

ILLUSTRATION PAGE 58 EN HAUT:
Meule, effet de neige, temps couvert, 1891

ILLUSTRATION PAGE 58 EN BAS:
Meule, effet de neige, le matin, 1891

ILLUSTRATION PAGE 59 EN HAUT:
Meule au soleil, 1891

ILLUSTRATION PAGE 59 EN BAS:
Meules, dégel, soleil couchant, 1889

EN HAUT A GAUCHE:
La cathédrale de Rouen. Le portail et la tour Saint-Romain à l'aube, 1894

EN HAUT AU MILIEU:
La cathédrale de Rouen. Le portail, soleil matinal. Harmonie bleue, 1894

EN HAUT A DROITE:
La cathédrale de Rouen. Le portail et la tour Saint-Romain, effet du matin. Harmonie blanche, 1894

EN BAS A GAUCHE:
La cathédrale de Rouen. Le portail et la tour Saint-Romain, plein soleil. Harmonie bleue, 1894

EN BAS AU MILIEU:
La cathédrale de Rouen. Le portail, temps gris. Harmonie grise, 1894

EN BAS A DROITE:
La cathédrale de Rouen. Le portail vu de face. Harmonie brune, 1894

ILLUSTRATION PAGE 61:
Voir illustration page 60 en haut à gauche

Au cours du 20ème siècle, beaucoup d'artistes ont peint des séries et on est tenté de faire de Monet leur précurseur. Au contraire de ces artistes plus tardifs pour qui le principe sériel allait toujours de pair avec une évolution conceptuelle, une occasion d'aller du réalisme à l'abstraction ou de faire une nouvelle expérience, le point de départ de Monet reste toujours la nature.

Autres contrées, autre lumière

Le nord-ouest de la France, les à-pics et les vastes prairies de Normandie, les côtes de la Bretagne étaient le pays de Monet; il l'avait parcouru en tous sens, palette et chevalet à la main. Mais quelque chose le pousse à quitter ces paysages familiers pour d'autres, inconnus, à la végétation nouvelle. Il part, en quête d'une autre lumière. Les pins et les palmiers de la Riviera, la Côte fleurie qui brille dans le soleil d'hiver, la solitude de blanches journées en Norvège, Londres dans le brouillard et cette perle irisée qu'est Venise captivent le peintre. Sensible à tout, plus encore que dans son terroir, il rencontre de nouveaux sujets, de nouvelles sensations et écrit son enthousiasme à ceux qui sont restés à la maison.

Monet part en voyage peu après son installation à Giverny. En décembre 1883, il va dans le sud de la France avec Renoir. Il n'emporte pas, comme tant de peintres l'ont fait et le feront après lui, de carnet d'esquisses, de crayon et d'aquarelle mais un chevalet, une palette, plusieurs douzaines de toiles et une grande valise pleine de vêtements chauds. Une véritable équipée qui ne manquait sans doute pas d'éveiller la curiosité des autres voyageurs. Renoir a raconté à son fils certains de ces voyages. En première classe, les passagers s'efforçaient de paraître alanguis et soucieux, et un peintre avec tout son matériel aurait eu l'air «d'un charbonnier qui par erreur se serait glissé dans un défilé de mannequins de mode». En seconde classe, c'était pire encore: «le quant à soi des usagers s'augmentant du fait qu'ils ne pouvaient se payer les premières.» Renoir n'a d'éloges que pour la troisième classe, la seule que, jadis, les jeunes artistes pouvaient s'offrir et qu'ils continuent de préférer. Certains voyageurs semblent s'être préparés à un tour du monde, le menu se déroule avec les kilomètres et on en fait profiter les artistes. «On passait de la gougère bourguignonne à la daube provençale, des petits vins nouveaux de la Côte d'Or aux rosés généreux des bords du Rhône». Par là-dessus, les considérations sur la récolte, les soucis familiaux, les impôts et le martyre du corset: «Après les premières bouchées, il arrivait qu'une plantureuse fermière n'y tenant plus s'excusât, déboutonnât son corsage et demandât à sa voisine de la délacer dans le dos. Les chairs ainsi libérées pouvaient s'étaler à leur aise et le pâté de lièvre prenait enfin toute sa saveur.»

Rentré chez lui Monet repart quelques semaines plus tard en direction du sud, cette fois sans Renoir: «J'ai toujours mieux travaillé dans la solitude et d'après mes seules impressions.» Il retourne à Bordighera, un petit village entre Monte-Carlo et San Remo qu'il a découvert lors de son premier voyage et il peint la mer, le ciel et des conifères tout tordus qui dansent dans

Bordighera, 1884

ILLUSTRATION PAGE 62 EN HAUT:
Les villas à Bordighera, 1884

ILLUSTRATION PAGE 62 EN BAS:
Palmiers à Bordighera, 1884
Les végétaux exotiques devant les montagnes couvertes de neige, la luminosité, le bleu de l'eau obsèdent Monet pendant son premier séjour méditerranéen. «Ces palmiers me désespèrent... Tant de bleu dans la mer et le ciel – mais c'est impossible!» (lettre à Alice Hoschedé, janvier 1884)

Menton vu du Cap Martin, 1884
«Je me suis procuré une bonne voiture et me suis fait conduire à Menton, un délicieux voyage de quelques heures. Menton est magnifique…» (lettre à Alice Hoschedé, février 1884)

le soleil éclatant comme des êtres mystérieux. Diverses couleurs qu'il n'avait presque jamais utilisées du bleu turquoise, de l'outremer, du rose et un orange couleur de mandarine apparaissent dans ses toiles de vergers d'agrumes, d'oliviers et de palmiers que Monet aura le permission de peindre dans le jardin clos d'un certain Monsieur Moreno et qui passent pour les plus beaux de la côte.

«Je suis installé dans un pays féérique. Je ne sais où donner de la tête, tout est superbe et je voudrais tout faire… C'est tout une étude nouvelle pour moi et je commence seulement à m'y reconnaître et à savoir où je vais, ce que je peux faire. C'est terriblement difficile, il faudrait une palette de diamants et de pierreries.» Il revient avec quinze peintures dont presque aucune n'est achevée.

Cinq ans plus tard, la Méditerranée attire à nouveau le peintre à elle. En janvier 1888, il est sur la Côte d'Azur et peint la mer sur fond des Monts de l'Estérel couverts de neige (ill. p.65). Un pin traverse diagonalement la toile devant un paysage tout en plans horizontaux, premier plan marquant d'un espace faiblement coloré et presque illimité, qui non seulement donne la mesure du sujet mais porte toute la tension d'une composition méditative et horizontale. Ici aussi, Monet s'inspire des compositions de la gravure sur bois japonaise. Il peint la vieille ville fortifiée d'Antibes depuis son cap (ill. p.65) et tente de capter l'intensité de la lumière d'un hiver méditerranéen. Il suggère cette clarté rayonnante par des contrastes intenses de couleurs froides et chaudes, en appliquant sur un fond bleu pâle des bleus et des verts froids côtoyant toute une palette de tons crèmes, roses, vermillons, et en mélangeant ses couleurs avec beaucoup de blanc. «C'est si beau ici, si clair, si lumineux. On nage dans de l'air bleu, c'est effrayant.»

Les tableaux qu'il rapporte de la côte ont un grand succès public. «Je quitte l'exposition enchanté de votre travail de cet hiver. Depuis longtemps,

Antibes, effet d'après-midi, 1888

Montagnes de l'Estérel, 1888

je place ce que vous faites au-dessus de tout mais je crois que vous vous trouvez dans votre plus belle période», écrit Stéphane Mallarmé, après avoir vu les toiles d'Antibes. Pourtant, Monet n'est pas satisfait de son travail il a vu des paysages d'or et de pierres précieuses et il est désespéré de voir que son pinceau ne capte que du rose et du bleu. A de nombreuses reprises, il parle dans ses lettres de son incapacité à rendre l'atmosphère méditerranéenne, une fois terminée, la toile le déçoit. Malgré l'avance des travaux dans son jardin paradisiaque de Giverny, il n'arrive plus à tenir tranquille. Peut-être est-ce aussi la solitude créatrice qu'il recherche dans les pays étrangers et une certaine distance d'avec sa famille, la plupart des enfants ont maintenant atteint l'âge adulte, qui ne cesse de s'enrichir de nouveaux gendres et belles-filles et, bientôt, des premiers petits-enfants.

Monet s'enfuit, il rend visite à son beau-fils en Norvège, fait plusieurs voyages dans le sud de la France et, au début du siècle, va même en voiture à Madrid et à Venise. Londres, qui, en 1870 déjà, l'a fasciné par son atmosphère irisée, ses gris innombrables et changeants, est un de ses buts de

Le Mont Kolsaas, reflets roses, 1895
Monet ne rapporte que quelques toiles d'un voyage qu'il fait en Norvège en 1895 pour rendre visite à son beau-fils. Une atmosphère de mystère, de méditation émane de cette peinture du mont Kolsaas sous une épaisse couche de neige.

voyage. Vers 1900, il peint du balcon de sa chambre à l'hôtel Savoy et d'une fenêtre de St. Thomas Hospital, les séries de la Tamise, *Le Parlement, trouée de soleil dans le brouillard* (ill. p.67) et le *Pont de Waterloo dans le brouillard*. Une fois encore, Monet s'est entouré d'une quantité de toiles. Lorsque le soleil fait mine de percer la couche de nuages, il en prend une puis, lorsque, l'instant d'après, d'épais bancs de brouillard s'annoncent, il en prend une autre. Il écrit à Durand-Ruel: «Je ne peux pas vous envoyer une seule toile de Londres parce que, pour le travail que je fais, il m'est indispensable de les avoir toutes sous les yeux et qu'à vrai dire pas une seule n'est définitivement terminée. Je les mène toutes ensemble.» A son retour à Giverny, les toiles ne sont toujours pas achevées et, au cours des années suivantes, il continue à y travailler dans son atelier.

Monet et Theodore Butler en automobile

En comparant le *Parlement* et *Impression, soleil levant* (ill. p. 31), créée trente ans auparavant, on voit clairement ce qui a changé dans l'art de Mo-

net. Le sujet des deux œuvres est semblable, on trouve même dans plusieurs des toiles londoniennes de petits bateaux qui rappellent ceux d'*Impression*. Mais c'est la perception du sujet qui est fondamentalement différente. Il n'y a plus rien d'esquissé dans ces vues de la Tamise, elles sont les manifestations extrêmement travaillées d'une énergie monumentale. Même si l'atmosphère et la lumière d'un fugitif instant sont le point de départ de chaque toile, elles sont ici concentrées en une texture de couleurs abstraite. Le motif architectural ne structure plus graphiquement l'image comme jadis les bateaux et les ponts, il la divise en quelques grandes plages. L'édifice, l'eau et le ciel deviennent des surfaces où se projette le palpitant voile de couleur du peintre et sont tout aussi insaisissables que l'air saturé d'humidité. Les tours néo-gothiques du Parlement s'élèvent, dramatisées, presque fantomatiques dans le brouillard. Le sujet et son environnement sont couverts d'un réseau de taches, petites capsules de couleur contenant toutes les nuances du prisme.

Le Parlement, trouée de soleil dans le brouillard, 1899–1901
Des années durant, Monet travaille dans son atelier au motif de la Tamise avec le Parlement ou le Pont de Waterloo en second plan. Les édifices émergent comme un mirage de l'épais brouillard auquel quelques rayons de soleil donnent une scintillante texture.

Crépuscule à Venise, 1908
«Elle est si belle», écrit Monet, parlant de l'église San Giorgio Maggiore, qu'il représente dans la lumière du couchant, «je me console en me disant que j'y reviendrai l'année prochaine car je n'ai guère pu faire que des essais…» (lettre à Gustave Geffroy, décembre 1908)

Du voyage de Monet à Venise, en 1908, naissent d'autres sublimes tapis de couleur qui atteignent un degré d'abstraction n'ayant plus rien à voir avec l'instantanéité d'œuvres comme *Impression*. Répondant à l'invitation d'une amie du peintre anglais Singer Sargent, Monet et Alice Hoschedé, mariés maintenant, passent d'abord deux semaines au Palais Barbaro, un palais Renaissance au bord du Grand Canal. Les premiers jours passent comme un rêve et Monet ne travaille pas encore. Il parcourt les étroites ruelles, circule en bateau dans les petits canaux, s'imprègne de l'atmosphère des lieux et médite. Dans les musées, les églises il étudie les œuvres de Titien, de Giorgione et de Véronèse, les grands coloristes vénitiens auxquels on le compare souvent. L'ambiance si particulière de la ville lui semble intraduisible. Et puis tout à coup le voici qui s'installe, avec palette et chevalet, au bord du Grand Canal et devant le Palais des Doges. Il peint comme un fou, selon un horaire strict: lever à six heures du matin, deux heures devant chaque motif. Il ne se détend que le soir, au coucher du soleil. Inquiète, sa femme écrit: «Il est plus que temps qu'il se repose un peu car il travaille beaucoup, surtout pour un homme de son âge…»

On a dit des toiles vénitiennes qu'elles étaient des «féeries étincelantes de couleur» et, en effet, les vues de San Giorgio Maggiore ou du Palais Contarini (ill. pp. 68, 69) semblent nées d'un conte romantique ou d'un poème symboliste. Pourtant ces instants d'intense luminosité que Monet a fixé sur la toile ne sont pas plus réalistes que le brouillard londonien. Toutes ces œuvres nées au cours de ses voyages, Monet les a retravaillées des années durant dans son atelier, en commençant parfois de nouvelles. Ce faisant – il recouvre en couches successives toute la surface du tableau d'une pellicule scintillante – l'artiste ôte à l'image tout son côté immédiat, esquissé et cultive un imaginaire pictural. Les toiles de Venise, ces féeries étincelantes de couleur, sont des compositions de voiles bleus et de nacre, de vapeur et de reflets. Elles sont plus le produit du souvenir, d'une vision que d'une expérience visuelle devant le motif. Ce que l'on sentait poindre dans les séries des meules, des peupliers et des cathédrales se manifeste pleinement: l'impressionniste est devenu un symboliste qui célèbre les noces mystiques de la brume et de l'architecture, de la matière et de l'atmosphère, de la pierre et de la lumière.

Le jardin de Giverny

«Et Giverny apparaît enfin au bout de la route; le village est joli mais sans grand caractère, mi-campagne, mi-petite ville. Mais soudain, comme on atteint la sortie du bourg et que l'on continue sur la route de Vernon un spectacle nouveau, extraordinaire, inattendu comme toute grande surprise, nous salue. Représentez-vous toutes les couleurs d'une palette, toutes les notes d'une fanfare: c'est le jardin de Monet.»

Ainsi Arsène Alexandre, critique d'art au «Figaro», décrit-il au début de ce siècle sa première impression de Giverny où Monet passe la deuxième moitié de sa vie. Depuis le milieu des années 80, l'artiste vend régulièrement ses toiles et, en 1890, il a pu acheter sa maison. A présent, il s'occupe avec enthousiasme, et déploie des moyens de plus en plus importants, du terrain qu'il pourra agrandir au fur et à mesure des années par de nouveaux achats. Monet crée un foyer pour sa famille et pour lui, un paradis: le jardin de Giverny.

Au début de leur installation, la vie n'avait pourtant pas été facile. Le couple, qui, à l'époque, n'était pas marié et leurs huit remuants enfants semblaient déjà bien assez bizarres aux yeux des paysans voisins. Mais voilà un homme, qu'on dit être un peintre moderne, qui sort tous les matins au lever du soleil, traverse les prés d'un pas lourd suivi d'enfants qui transportent son matériel de peinture et ses toiles dans une brouette, s'installe devant des meules ou des arbres pour les reproduire à grands traits sur des toiles qu'il change toutes les cinq minutes. Malins, les gens du cru ont vite compris quels avantages tirer de cet hurluberlu. Ils lui font payer un droit pour traverser leurs terres et comme par hasard, il faut charger la meule ou abattre le peuplier que Monet a commencés à peindre. La conservation de ses sujets lui coûte une fortune. Plus tard, comme il souhaite installer des plantes exotiques dans un étang, les villageois font un scandale: les plantes vont abîmer le linge qu'il lavent dans la rivière ou empoisonner le bétail qui boit l'eau en contrebas.

Malgré toutes ces difficultés, ce verger normand d'herbe et de pommiers devient, avec la contribution de toute la famille, un jardin historique. Plus tard Monet dira qu'il a tout simplement feuilleté un catalogue et commandé au hasard mais c'est sans doute une des exagérations dont il était coutumier. C'est la compétence et une infinie patience qui font naître cet Eden parcouru de rivières de fleurs dont le même Alexandre dit: «Où que vous vous tourniez, à vos pieds, au-dessus de votre tête, à la hauteur de la poitrine, des bassins, des guirlandes de fleurs, des haies fleuries, à la fois sauvages et calculés, qui changent et se renouvellent avec les saisons.» On sent clairement

Monet et sa belle-fille Blanche qui, après la mort de son mari, s'occupe de l'organisation de la maison et peint parfois avec lui. Au premier plan, un des nombreux petits-enfants du peintre.

Le bassin aux nymphéas, 1899

une force ordonnatrice à l'œuvre dans ce jardin comme dans les œuvres du peintre. Monet attribue une place à chaque plante. Il compose un tableau coloré sur des plates-bandes parallèles. Monet soumet la nature à ses désirs. Il choisit les végétaux selon les idées de tableaux qu'il a en tête, détermine son angle de vision et intervient énergiquement s'il le juge utile: comme, au début du printemps, un grand chêne a soudain l'audace de laisser éclore de petits bourgeons, il réquisitionne les meilleurs grimpeurs pour dépouiller l'arbre de ses minuscules feuilles vertes et n'avoir rien à changer à sa toile.

Le printemps, 1886

«On admire l'artiste», commente le peintre anglais Dewhurst qui rapporte l'anecdote, «et on plaint le pauvre arbre.»

Contrairement à Emil Nolde qui créa à Seebüll un luxuriant jardin de curé, Monet, à Giverny, témoigne d'un penchant pour l'exotisme. Bien sûr, il plante des capucines et des dahlias mais ce sont les bleus pâles des glycines, les violets des iris, les tubéreuses venues du Mexique et les nymphéas aux reflets nacrés parmi les touffes d'herbes de bambou qui donnent au jardin son caractère. Ces plantes venues d'outre-mer n'étaient souvent connues en France que depuis quelques années, ce qui explique la méfiance des paysans. A Paris et à l'étranger, l'on commence à s'intéresser de très près à ce jardin. La presse en parle et des magazines comme «Country Life» en font, même après la mort de Monet, des reportages. Il est aujourd'hui ouvert au public.

Monet se confond avec son jardin, il y participe de son corps, de son âme et, ce qui pour lui est primordial, de son œil. Chaque fois qu'il est en voyage, il écrit pour demander des nouvelles de ses fleurs bien-aimées. Sous le soleil, le jardin distille pour lui un véritable élixir de vie, lorsqu'il pleut, il va se coucher, déprimé.

Champ de coquelicots, environs de Giverny,
1885
A Giverny, Monet reprend le thème des coquelicots (voir ill. p. 39). Mais, au lieu d'un paysage charmant, comme entrevu par hasard, il
crée ici une composition presque sévère, sy-
métrique à partir des couleurs complémentaires rouge et vert.

La barque, 1887
La famille de Monet aime à ramer jusqu'à
l'Ile aux Orties, reliée par un petit canal à la
propriété du peintre, en bordure de la Seine.
Plus tard, Monet achètera cette petite île.

Jeunes filles en barque, 1887

En canot sur l'Epte, 1890

EN HAUT:
Monet dans son jardin à Giverny, vers 1917

EN BAS:
La maison et le jardin de Monet à Giverny,
vers 1917

Monet n'est pas pour autant un peintre de fleurs; dès l'époque du *Jardin en fleurs* (ill. p. 20) il est clair que, pour lui, l'important n'était pas de représenter une espèce végétale en particulier. Même si on identifie des roses trémières, des coquelicots et, plus tard, des nymphéas ou des grappes de glycines, ce n'est pas la forme précise des fleurs qui le préoccupe. Ce qu'il recherche c'est la rencontres des couleurs, l'effet général. Les fleurs sont des éléments qui captent la lumière, une fête pour les yeux.

A Giverny, la maison est grande et, pour le goût pompeux de cette fin de siècle, presque austère. Vigne vierge et rosiers grimpants envahissent bientôt sa simple architecture. Après la mort d'Ernest Hoschedé, qui jamais ne se remit de sa banqueroute, Monet et Alice Hoschedé se marient, en 1892, officialisant une liaison qui avait peut-être commencé au château de Montgeron, du vivant de Camille. Voisins et amis se doutaient probablement qu'Alice n'était pas seulement la gouvernante.

Chemin de fer, bateaux traversant la Seine, voitures à chevaux et bientôt aussi automobiles pétaradantes et malodorantes amènent à Giverny des politiciens, des diplomates, des collectionneurs américains et des Japonais de haut lignage. Mais les amis de jeunesse s'y retrouvent aussi: Renoir, Cézanne, Pissarro, Gustave Geffroy, le premier biographe, et surtout Clemenceau qui, de 1906 à 1909 et, à nouveau, de la fin de la Première Guerre mondiale à 1920, fut premier ministre. Malgré ses relations, le peintre refuse tous les honneurs. Comme il l'avait fait en 1888 pour la légion d'honneur, il refuse en 1920 de devenir membre de l'Institut de France.

Aux amis, aux collectionneurs se joignent les admirateurs. Vers la fin des années 80 apparaît une petite colonie de peintres Américains, les «givernistes». Monet, qui n'a jamais voulu s'engager dans la voie du professorat et ne donnait qu'un conseil: ouvrir les yeux, étudier la nature, se sent vite débordé par le tourbillon de la gloire. Il passe, auprès des jeunes Américains qui souhaiteraient le rencontrer tous les jours, pour «extremely ill-tempered». Ce qui n'empêche pas sa belle-fille Suzanne d'épouser un peintre américain, Theodore Butler. Dans les années qui suivent, la maison, déjà bien peuplée, est prise d'assaut par des gendres, belles-filles et petits-enfants toujours plus nombreux.

La maison et le jardin de Monet à Giverny

Une allée du jardin de Monet, Giverny,
1901/02
Le chemin central va de la maison à l'entrée
sud du jardin, dans l'ombre des grands ifs. De
part et d'autre, deux plates-bandes symétri-
ques.

Le bassin aux nymphéas, 1900

Iris, 1914–1917
«Rien au monde ne m'intéresse que ma
peinture et mes fleurs.»   Claude Monet

Les réunions familiales ressemblent à des fêtes de village. Monet, que nous avons déjà vu à Argenteuil en «bon bourgeois» aime la bonne chère et fait servir des plats délicieux dans la vaisselle bleue et jaune conçue lui et assortie à la fameuse salle à manger jaune, dont sa collection d'estampes japonaises décore les murs. Il nous est resté six cahiers de recettes qui citent les «truffes à la serviette» l'entrecôte «marchand de vin» et le mystérieux gâteau «vert-vert». A Noël, la confection de la glace à la banane est un rite complexe qui nécessite de faire tourner la toute moderne sorbetière pendant plus d'une demi-heure. Monet glane des recettes, fait des menus, donne des consignes, mais ne met jamais la main à la pâte.

Les repas jouent un rôle important dans la vie du peintre et donnent son rythme à la journée. Tôt le matin – en été, souvent dès l'aube – il se lève et prend un copieux petit déjeuner, comme il a appris à les apprécier en Hol-

Le jardin de Monet, les iris, 1900

lande. A onze heures et demie, famille et invités se réunissent pour le déjeuner que Monet fait servir aussi tôt pour ne rien perdre du soleil de l'après-midi. Plus tard, on prendra le thé au jardin puis ce sera le dîner, qui n'aura lui non plus rien de spartiate. On n'invite généralement personne à dîner car Monet va se coucher tôt pour pouvoir se lever aux aurores le lendemain. Alice veille sans relâche à ce que toute cette activité ne gêne en rien le travail du peintre.

Entouré d'une douzaine de toiles qu'il a commencées à divers moments de la journée, par tous les temps et toutes les lumières, Monet est assis sous son grand parasol blanc (ill. p.71). Sa belle-fille Blanche, qui peignait déjà souvent avec lui, l'accompagne régulièrement après la mort d'Alice. Concentré, silencieux, souvent revêche, il travaille. Des périodes de grande productivité alternent avec de profondes dépressions.

ILLUSTRATION PAGES 80–81:
La vie et le travail de l'artiste se jouent autour du bassin. Au fil des ans, on l'agrandit et on y plante de plus en plus de nénuphars. Un jardinier est spécialement affecté à son entretien. En 1895, Monet fait construire la «passerelle japonaise», petit pont de bois qui, avec son rideau de glycine, sera le sujet de nombreuses toiles.

Nymphéas, paysage d'eau, les nuages, 1903

Nymphéas, 1897/98

Bien que Giverny ne se trouve pas directement en bord de Seine, une rivière, l'Epte, et ses affluents y représentent l'élément favori du peintre.
Après les heures passées à Argenteuil sur le bateau-atelier et dans les embruns d'Etretat, Monet se passionne pour une nouvelle forme aquatique: l'é-
tang. Au début des années quatre-vingt-dix, il a l'occasion d'acheter un terrain situé en contrebas exotiques. Un ruisseau lui permet d'aménager en jardin d'eau ces quelque 7.500 mètres carrés, séparés du reste de sa propriété
par une voie de chemin de fer. Plus tard, il appointera même un jardinier à
l'entretien de la pièce d'eau et des nénuphars qui y poussent et cinq autres
pour le reste du jardin.

En 1895, il fait construire un petit pont japonais, comme on en voit sur les
estampes (ill. pp. 70, 77, 80/81). Cette étendue d'eau immobile au soleil, ani-
mée par le vrombissement des libellules, avec ses grenouilles cachées dans
les roseaux qui se laissent choir dans l'eau lorque quelqu'un approche est
pour Monet un lieu de paix et de méditation. L'étang, ses plantes aquatiques,
ses algues, son fouillis d'iris, de roseaux et de saules pleureurs, ses flaques
de nénuphars nacrés, devient l'inspiration principale des trente dernières années de la vie du peintre. On voit Monet qui, littéralement, s'approche de
son sujet, le cadre comme avec un zoom pour finalement s'y plonger tout à
fait. Ce sont d'abord de grandes compositions puis des vues partielles de
l'étang avec le pont japonais et enfin des détails de la pièce d'eau où le ciel
n'est plus présent que par son reflet (ill. p. 82). Dans ces toiles, pas d'hori-
zon. Arbres, ciel, nuages se reflètent sur le miroir de l'eau: sans doute ne
peut-on parler de paysages au sens strict du terme. Monet lui-même les appelait des «miroirs d'eau».

Bien qu'il répète que la nature est son atelier, l'artiste achève ou reprend
la plupart de ces tableaux en intérieur. A un moment donné, il y a à Giverny
trois ateliers. Il y reçoit aussi ses visiteurs et y parle de sa peinture. Même

Les nymphéas à Giverny, 1917
«… Conseille, ô mon rêve, que faire ? Résu-
mer d'un regard la vierge absence éparse en
cette solitude et, comme on cueille, en mé-
moire d'un site, l'un de ces magiques nénuphars clos qui y surgissent tout à coup, enve-
loppant de leur creuse blancheur un rien, fait
de songes intacts, du bonheur qui n'aura pas
lieu et de mon souffle ici retenu dans la peur
d'une apparition, partir avec: tacitement, en
déramant peu à peu sans du heurt briser l'illusion ni que le clapotis de la bulle visible d'é-
cume enroulée à ma fuite ne jette aux pieds
survenus de personne la ressemblance transpa-
rente du rapt de mon idéale fleur…»
Stéphane Mallarmé, «Le nénuphar blanc»

les vues de l'étang ne sont pas exclusivement peintes en plein air, sous le grand parasol. Mais, contrairement à celles de la Tamise ou de la place Saint-Marc qu'il a retravaillées des années durant à l'atelier, Monet peut toujours se replacer devant son sujet pour rafraîchir sa vision, s'imprégner à nouveau de la lumière ambiante.

C'est dans les toiles des nymphéas que la désintégration de la forme va le plus loin. L'artiste utilise les nénuphars et leurs larges îlots de feuilles, les herbes ondulant seus la surface de l'eau, comme éléments horizontaux tandis que les reflets, et surtout les saules et les roseaux, apportent à l'image ses verticales. Le fait que, malgré leur structure finalement géométrique et très équilibrée, ces compositions ne soient ni monotones ni ennuyeuses est dû, pour une part, aux ovales irréguliers des feuilles et pour une autre part, encore une fois, à la couleur. Elle est plus que jamais présente, en vibrants aplats morcelés aux mille nuances, en voile, en lumière, en mosaïque. Monet pose des touches en forme de points, de traits, de taches, coloris fragmentés à l'infini, en nombreuses couches superposées.

Les couches de base, presque transparentes, restent visibles à travers celles du dessus, faites de traits de plus en plus marqués et d'épais estompages. On observe ici l'évolution de la facture de Monet. Les petites taches et les tirets vibrants, les éclats de lumière et les pointillés de couleur de la première série des toiles de l'étang (ill. p. 82) qui, malgré toute leur transparence, évoquent la tapisserie, font place à une écriture de plus en plus sûre et fluide. Le trait lui-même, large, crayeux, se fait algue, plante grimpante. Plus d'horizontalcs et de verticales, plus d'orientation au sens classique du terme, mais un tourbillon mystérieux, une danse dans un espace sans limites. C'est cette liberté, cette audace dans le traitement de la couleur qui s'éloigne de plus en plus de celle, réaliste, de la matière, c'est cette hardiesse du format qui ont fait des nymphéas une référence pour les pcintres à venir.

Les expressionnistes abstraits, Sam Francis, Jackson Pollock, Mark Roth-

Nymphéas, 1919

Nymphéas, 1916

ko, par exemple, ont été fascinés pas le liberté avec laquelle Monet évoluait dans la couleur, et les Grandes Décorations annoncent le «all over» d'un Pollock. Mais, tandis que ces peintres cherchaient à se libérer de l'image et à créer une peinture toute de forme et de couleur, Monet, dans ses œuvres les plus visionnaires, part toujours de ce qu'il a vu, de la nature.

La plongée dans une image illimitée, une image qui ne s'échafaude pas devant celui qui la regarde mais qui l'englobe, était quelque chose qui préoccupait particulièrement ces peintres et que Monet a réalisé dans ses panneaux de nymphéas. Dès la fin du siècle, il songeait à en réunir plusieurs dans un même espace. En accord avec la mode de son temps – et probablement aussi ses goûts personnels – il pensa d'abord à une salle à manger dont tous les murs auraient été décorés. Dans l'espoir de le sortir de la léthargie où l'avaient plongé la mort de sa femme Alice et celle de son fils Jean, son ami Clemenceau lui proposa de réaliser une série de toiles de nymphéas destinés à l'Etat français. Un nouvel atelier de vingt-quatre mètres sur douze est même construit pour ce monumental ouvrage. Les choses étant rendues difficiles par la guerre, ce n'est que grâce à ses relations que Monet obtient matériaux et ouvriers.

Pourquoi qualifie-t-on de «décorations» ces toiles de la fin de la carrière du peintre? Le mot avait déjà, à cette époque, une connotation péjorative. Il fut utilisé assez tôt à propos d'œuvres de Monet et désignait une peinture qui n'était ni anecdotique, ni historique ou topographique, autrement dit, très exactement celle qui caractérise les dernières séries de nymphéas. Même si

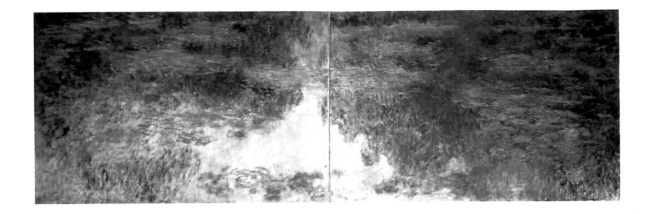

Le bassin aux nymphéas, le soir (diptyque),
vers 1916–1922
«Dès que la brosse s'arrêtait, le peintre courait
à ses fleurs ou s'installait volontiers dans son
fauteuil pour penser ses tableaux: yeux clos,
bras abandonnés, immobile, il cherchait des
mouvements de lumière qui lui avaient échap-
pé et sur la défaillance, peut-être imaginaire,
s'exerçait une âpre méditation sur des thèmes
de labeur.»   Georges Clemenceau

elles inspirent l'interprétation, elles ne peuvent être qualifiées de symbolistes puisqu'elles sont le résultat d'une observation minutieuse de la lumière et de la couleur. Les Grandes Décorations sont une peinture qui renvoie à elle-même sans renoncer tout à fait à la représentation du réel, ce qui interdit de parler d'abstraction.

A l'occasion des expositions de séries comme les meules ou les cathédrales, critiques et amateurs s'étaient accordés à regretter amèrement que ces tableaux aient été vendus séparément et soient dispersés dans le monde entier. Aussi Clemenceau, avant la fin du siècle, avait-il tenté de sauvegarder la série des cathédrales en la faisant acheter par l'Etat mais il n'avait pu obtenir l'assentiment de la commission. Monet souhaitant offrir deux toiles de nymphéas à l'Etat à l'occasion de l'armistice de 1918, Clemenceau et Geffroy parviennent à le persuader que le moment est venu de réaliser son projet d'un grand ensemble de panneaux décoratifs.

Monet rêvait depuis longtemps de présenter les nymphéas dans un espace qui aurait donné l'illusion d'un tout infini et aurait créé une ambiance reposante de méditation. Il accepte de faire don de plusieurs toiles à condition qu'on leur construise une salle d'exposition qui corresponde à ses désirs. On s'accorde sur le jardin de l'hôtel Biron où se trouve depuis peu un musée consacré au sculpteur Rodin. Un architecte fait les plans d'un pavillon de dimensions raisonnables qui doit être construit en bordure de la propriété et qui comprendra une pièce circulaire pour accueillir douze panneaux. Mais le ministère des Travaux Publics refuse le projet, considérant sans doute qu'une construction spéciale serait trop d'honneur pour l'artiste.

Monet décide alors d'annuler la donation et des acheteurs américains et japonais se présentent, désireux d'acquérir la série entière pour leurs musées respectifs. C'est bien grâce à l'intervention de son ami Clemenceau, qui considère que les Grandes Décorations sont un peu «son» projet, que Monet accepte pour ses toiles une salle de l'Orangerie, qui dépend du Louvre. Les *Nymphéas* y furent installés après la mort du peintre, dans deux salles de forme ovale. Aujourd'hui très fréquentées, elles restèrent longtemps quasiment inconnues du public. Elles ne furent redécouvertes que dans les années 50, notamment par des peintres comme Sam Francis, et il fallut attendre l'expressionnisme abstrait pour que la peinture de la fin de la carrière de Monet soit véritablement comprise.

Le bassin aux nymphéas, le soir (détail)

EN HAUT:
Le bassin aux nymphéas sans saules: matin
(quadriptyque), 1916–1926

AU MILIEU:
Le bassin aux nymphéas avec saules: le ma-
tin clair aux saules (triptyque), 1916–1926

EN BAS:
Monet travaillant à l'une de ses Grandes Décorations dans son troisième atelier, vers 1923

Salle II du Musée de l'Orangerie
Le peintre et dessinateur André Masson appelait le Musée de l'Orangerie, à Paris «la Chapelle Sixtine de l'Impressionnisme». C'est là que furent exposées après la mort de Monet les Grandes Décorations offertes à l'Etat.

Les dernières années de la vie du peintre sont marquées par une productivité presque fiévreuse. Loin de ralentir son rythme de travail ou même de penser à la retraite, il se montre particulièrement exigeant avec lui-même. Par peur de la médiocrité, il brûle de nombreuses toiles. Se souvenant de la façon dont les marchands avaient pillé l'atelier de Manet après sa mort, il veut protéger son œuvre et éviter que des études ou des esquisses de moindre valeur ne parviennent sur le marché.

Depuis 1908 déjà, sa vue faiblit et un ophtalmologue diagnostique une cataracte des deux yeux. Après avoir longtemps hésité, Monet se décide à subir deux opérations qui lui redonnent la vue. En 1919, Pierre-Auguste Renoir, le

Monet dans son troisième atelier de Giverny, vers 1923

De gauche à droite: Madame Kuroki, Claude Monet, Lily Butler, Blanche Monet et Georges Clemenceau

Le pont japonais, 1922

dernier des compagnons de route, meurt; le vieil homme reste seul auprès de
son étang.

Monet n'était pas un être religieux, c'était un positiviste convaincu. S'il
n'avait été un matérialiste de la couleur, ses exégètes auraient sans doute vu
dans ses derniers tableaux l'enfer de Dante et auraient situé le pont japonais
au purgatoire. Car, à la fin de la vie de cet homme qui a tant aimé l'eau et sa
fraîcheur, qui souhaitait que l'eau soit sa dernière demeure, c'est l'incendie:
il peint son étang en flammes. Les dernières œuvres témoignent d'une énergie intense, d'une vitalité qui semble ne jamais vouloir faiblir. C'est comme
si l'homme qui avait contribué à libérer l'art du joug académique et qui avait
réappris à voir aux artistes et au public, comme si ce Prométhée faisant jail-
lir le feu de la modernité des braises de la peinture en plein air voulait réaliser cette modernité de ses propres mains dans ses derniers tableaux. La force
qui avait porté Monet tout au long de sa vie et de son art se consume en
hautes flammes et, dans le brasier d'un court instant, s'éteint brusquement.
Monet meurt le 6 décembre 1926 à l'âge de quatre-vingt-six ans.

Claude Monet 1840–1926: Vie et œuvre

Claude Monet, vers 1875

1840 Le 14 novembre naît Claude Oscar Monet, fils cadet d'un commerçant, à Paris, 45, rue Laffitte.

1845 Les affaires du père allant mal, la famille part s'installer au Havre où il entre dans l'affaire de son beau-frère Jacques Lecadre.

vers 1855 Monet emploie ses dons en dessin pour faire des caricatures très réussives de ses professeurs en particulier.

1858 Monet fait connaissance avec le paysagiste Eugène Boudin (1824–1898) avec qui il peint sur le motif.

1859 Monet va étudier la peinture à Paris. Il fréquente le Salon et travaille à l'Académie suisse où il rencontre Camille Pissarro (1830–1903).

1860 Service militaire: Monet rejoint les Chasseurs d'Afrique en Algérie mais il est rapatrié dès l'année suivante pour raisons de santé.

1862 Pendant son congé en Norman-

die il fait la connaissance de Johan Barthold Jongkind (1819–1891). Il est guéri et sa famille paie l'achat d'un remplaçant pour le reste de son service militaire puis, en novembre, l'autorise à retourner à Paris où il entre à l'atelier de Charles Gleyre (1806–1874). Il y rencontre Pierre-Auguste Renoir (1841–1919), Alfred Sisley (1839–1899) et Frédéric Bazille (1841–1870).

1863 Il peint avec ses nouveaux amis en forêt de Fontainebleau. A la fin de l'année, les quatre peintres quittent l'atelier de Gleyre.

1865 Le Salon accepte deux marines de Monet. Pour le Salon suivant, il projette un *Déjeuner sur l'herbe* monumental qu'il commence en forêt de Fontainebleau.

1866 *La femme à la robe verte* est exposée au Salon et a de bonnes critiques. Monet passe la fin de l'été et l'automne dans sa famille, à Sainte-Adresse et à Honfleur.

1867 Il passe à nouveau l'été chez ses parents tandis que Camille Doncieux, sa compagne, met au monde leur premier fils, Jean, à Paris. A son retour à Paris, Bazille lui prête son atelier et achète les *Femmes au jardin*, refusées par le Salon.

1868 Les difficultés financières empirent; Monet travaille à Etretat et Fécamp. L'armateur Gaudibert, qui l'aidait déjà depuis 1864, lui commande des tableaux et rachète des toiles gagées.

1870 Monet est une nouvelle fois refusé au Salon. Le 26 juin il épouse Camille Doncieux. Un mois plus tard éclate la guerre franco-allemande. Monet se réfugie à Londres où, en novembre, il apprend la mort de son ami Bazille. Il fait à Londres la connaissance du marchand de tableaux Durand-Ruel.

1871 Le père de Monet meurt le 17 janvier en lui laissant un petit héritage. En automne l'artiste regagne la France par la Hollande et loue une maison avec jardin à Argenteuil.

1872 Paul Durand-Ruel lui achète un

grand nombre de toiles. Monet peint les berges de la Seine de son canot aménagé en atelier. Pendant un séjour au Havre il crée *Impression, soleil levant*. Deuxième voyage en Hollande.

1873 Période de travail paisible à Argenteuil où il fait la connaissance de Gustave Caillebotte (1848–1894). Fondation de la «Société anonyme coopérative d'artistes-peintres, -sculpteurs, -graveurs etc…» destinée à permettre des expositions communes et dont font partie, entre autres, les peintres qui deviendront les impressionnistes.

1874 Première exposition du groupe dans l'atelier du photographe Nadar, boulevard des Capucines à Paris. Le critique Louis Leroy s'en prend au titre du tableau de Monet *Impression, soleil levant* et tourne en dérision ces peintres qui présentent au public des impressions au lieu de tableaux. L'exposition est un échec retentissant et, à la fin de l'année, la «Société anonyme» doit être dissoute.

1875 Nouvelles difficultés financières. Monet emménage dans une maison plus petite.

1876 Lors de la deuxième exposition des impressionnistes chez Durand-Ruel où sont présentées 18 toiles de Monet, il fait la connaisance d'Ernest Hoschedé qui lui commande des panneaux pour son château de Montgeron. Vers la fin de l'année et l'année suivante, Monet travaille à la série *Gare Saint-Lazare*.

1878 Naissance du fils cadet, Michel, à Paris. Les Monet emménagent dans une petite maison à Vétheuil, où Alice Hoschedé et ses six enfants les rejoignent. La situation matérielle reste difficile.

1879 La quatrième exposition commune a lieu grâce à Gustave Caillebotte. Monet travaille à Vétheuil et Lavacourt. Le 5 septembre, Camille meurt à l'âge de 32 ans.

1881 Durand-Ruel lui achète à nouveau des tableaux et finance ses voyages. En décembre, Monet, Alice Hoschedé et leurs enfants partent s'installer à Poissy.

1883 Durand-Ruel organise une exposition de 56 tableaux consacrée à Monet. Les critiques sont bonnes mais le peintre ne vend pas. Durand-Ruel lui commande des panneaux décoratifs pour son appartement. Monet loue la maison de Giverny et part en décembre pour le sud de la France avec Renoir.

1884 De janvier à avril, Monet peint sur la Côte d'Azur.

1886 Voyage en Hollande. A l'automne, peint à Etretat et en Bretagne où il fait la connaissance de Gustave Geffroy, son futur biographe.

1887 Durand-Ruel ouvre une galerie à New York et y expose des toiles de Monet. Celui-ci connaît un nouveau succès chez Georges Petit qui l'a déjà exposé en 1885.

1888 Travaille de janvier à avril sur la Côte d'Azur et fait un nouveau séjour à Londres, en été. De retour en France, il refuse la légion d'honneur. Commence la série des *Meules*.

1889 Georges Petit expose avec grand succès Monet et Auguste Rodin (1840–1917). Monet organise une collecte pour acheter pour le Louvre l'*Olympia* à la veuve de Manet.

1890 Travaille à la série des *Meules* et commence celle des *Peupliers*. Achète la maison de Giverny qu'il habite déjà depuis 1883.

1891 L'exposition des *Meules* chez Durand-Ruel est un immense succès. En décembre, Monet peint à Londres.

1892 Travaille au printemps sur le motif de *La cathédrale de Rouen* qu'il peint d'une maison voisine. Ernest Hoschedé étant mort l'année précédente, Monet et Alice Hoschedé, née Raingo officialisent leur liaison en juillet.

1895 Monet rend visite à son beau-fils en Norvège. En mars, Durand-Ruel expose la série des *Cathédrales de Rouen* avec un franc succès.

1896 Peint en Normandie: Varengeville, Dieppe et Pourville. Commence la série des *Bords de Seine*.

1897 Travaille de janvier à mars à Pourville. Fait construire un second atelier à Giverny. L'été, mariage du fils de Monet avec la fille d'Alice, Blanche.

20 Monets sont exposés à la Biennale de Venise.

1899 Dans son jardin d'eau, à Giverny, Monet commence la série des *Nymphéas* à laquelle il se, consacrera jusqu'à

Claude Monet, 1901
Photographie de Gaspar Félix Nadar

sa mort. En automne il part pour Londres où il peint des vues de la Tamise.

1900 Plusieurs voyages à Londres. Au printemps il travaille à Giverny, en été, à Vétheuil.

1903 Retravaille en atelier les vues de la Tamise (jusqu'en 1905); Pissarro meurt le 12 novembre.

1904 Va en automne à Madrid en voiture avec Alice pour étudier les maîtres espagnols, entre autres Vélasquez.

1906 Monet travaille aux *Nymphéas*. Insatisfait, il repousse à plusieurs reprises l'exposition prévue chez Durand-Ruel. Cézanne meurt le 22 octobre. Clemenceau devient premier ministre.

1908 Premiers symptômes d'une maladie des yeux. De septembre à décembre, séjourne à Venise avec Alice.

1911 Alice Monet meurt le 19 mai.

1912 La galerie Bernheim-Jeune expose avec grand succès les toiles de

Venise en mai et en juin. On diagnostique chez Monet la cataracte.

1914 Clemenceau et d'autres amis proposent à Monet d'offrir à l'Etat une série de *Nymphéas*. Après la mort de Jean Monet, Blanche, sa veuve, prend en main l'organisation de la maison de Giverny. Le 3 août, la France s'engage dans la Première Guerre mondiale.

1915 Monet fait construire un troisième atelier pour travailler aux Grandes Décorations.

1918 A l'occasion de l'armistice du 11 novembre, Monet offre à l'Etat huit toiles de *Nymphéas*.

1919 Auguste Renoir, le dernier des amis de l'époque parisienne, meurt le 17 décembre.

1921 Grande rétrospective chez Durand-Ruel. Déprimé, désespéré par sa vue qui baisse, Monet songe à revenir sur sa donation.

1922 Sur l'insistance de Clemenceau Monet signe une donation devant notaire pour les *Nymphéas*.

1923 Deux opérations rendent la vue à Monet et il se remet à peindre. Souvent déprimé, il continue à travailler aux Grandes Décorations.

1926 Claude Monet meurt le 6 décembre 1926 à Giverny.

Légendes

Les numéros indiqués dans les légendes (Wildenstein xx) sont empruntés au catalogue de l'œuvre de Claude Monet: Daniel Wildenstein: Monet, biographie et catalogue raisonné, I-IV. Lausanne et Paris, 1974–85

1
Autoportrait de Claude Monet, coiffé d'un béret, 1886
Huile sur toile, 56 x 46cm
Wildenstein 1078
Collection privée
2
La rue Saint-Denis, fête du 30 juin 1878, 1878
Huile sur toile, 76 x 52cm
Wildenstein 470
Rouen, Musée des Beaux-Arts
6
Coin d'atelier, 1861
Huile sur toile, 182 x 127cm
Wildenstein 6
Paris, Musée d'Orsay
7
Le notaire Léon Marchon, vers 1855/56
Fusain rehaussé de craie blanche sur papier bleu-gris, 61,2 x 45,2cm
Chicago (IL), The Art Institute of Chicago, Gift of Carter H. Harrison, 1923.888
8 en haut
La route de la ferme Saint-Siméon, 1864
Huile sur toile, 82 x 46cm
Wildenstein 29
Tokyo, The National Museum of Western Art, The Matsukata Collection
8 en bas
Eugène Boudin:
La plage de Trouville, 1864
Huile sur bois, 26 x 48cm
Paris, Musée d'Orsay
9
La pointe de La Hève à marée basse, 1865
Huile sur toile, 90,2 x 150,2cm
Wildenstein 52
Fort Worth (TX), Kimbell Art Museum
10 en haut à gauche
Le pavé de Chailly, 1865
Huile sur toile, 43 x 59cm
Wildenstein 56
Paris, Musée d'Orsay
10 en haut à droite
Frédéric Bazille:
L'ambulance improvisée, 1865
Huile sur toile, 47 x 65cm
Paris, Musée d'Orsay
10 en bas
Charles Gleyre:
Daphnis et Chloé revenant de la montagne, 1862
Huile sur toile, 80 x 62,2 cm
Collection privée
11
Le déjeuner sur l'herbe (étude), 1865
Huile sur toile, 130 x 181cm
Wildenstein 62
Moscou, Musée Pouchkine
12 en haut
Claude Monet dans sa maison de Giverny avec le duc de Trévise, 1920
Photographie
12 en bas
Edouard Manet:
Le déjeuner sur l'herbe, 1863
Huile sur toile, 208 x 264cm
Paris, Musée d'Orsay
13 à gauche
Le déjeuner sur l'herbe (partie gauche), 1865
Huile sur toile, 418 x 150cm
Wildenstein 63a
Paris, Musée d'Orsay
13 à droite
Le déjeuner sur l'herbe (partie centrale), 1865
Huile sur toile, 248 x 217cm
Wildenstein 63b
Paris, Musée d'Orsay

14
Le déjeuner, 1868
Huile sur toile, 230 x 150cm
Wildenstein 132
Francfort-sur-le-Main, Städtische Galerie im Städelschen Kunstinstitut
15
Camille *ou* Femme à la robe verte, 1866
Huile sur toile, 231 x 151cm
Wildenstein 65
Brême, Kunsthalle Bremen
16
Femmes au jardin, 1866
Huile sur toile, 255 x 205cm
Wildenstein 67
Paris, Musée d'Orsay
17
«Petit courier des dames»,
illustration d'un magazine de mode de 1864
18
Saint-Germain-l'Auxerrois, 1867
Huile sur toile, 79 x 98cm
Wildenstein 84
Berlin, Staatliche Museen zu Berlin – Preußischer Kulturbesitz, Nationalgalerie
19
Le Jardin de l'Infante, 1867
Huile sur toile, 91 x 62cm
Wildenstein 85
Oberlin (OH), Allen Memorial Art Museum, Oberlin College; R. T. Miller, Jr. Fund, 1948
20 à gauche
Jardin en fleurs, vers 1866
Huile sur toile, 65 x 54cm
Wildenstein 69
Paris, Musée d'Orsay
20 en bas
Katsushika Hokusai:
Le pavillon Sazai du temple des cinq-cents Rakan, de: «Thirty-six Views of Mount Fuji», 1829–1833
Estampe, 23,9 x 34,3cm
Giverny, Académie des Beaux-Arts, Fondation Claude Monet
21
Terrasse à Sainte-Adresse, 1867
Huile sur toile, 98,1 x 129,9cm
Wildenstein 95
New York (NY), The Metropolitan Museum of Art, Purchased with special contributions and purchase funds given or bequeathed by friends of the Museum, 1967. (67.241)
22
Au bord de l'eau, Bennecourt, 1868
Huile sur toile, 81,5 x 100,7cm
Wildenstein 110
Chicago (IL), The Art Institute of Chicago, Mr. and Mrs. Potter Palmer Collection, 1922.427
23
Grosse mer à Etretat, vers 1873
Huile sur toile, 66 x 131cm
Wildenstein 127
Paris, Musée d'Orsay
24
La promenade. La femme à l'ombrelle, 1875
Huile sur toile, 100 x 81cm
Wildenstein 381
Washington (DC), National Gallery of Art, Mr. and Mrs. Paul Mellon Collection
25
Antony Morlon:
La Grenouillère (détail), 1880–1890
Lithographie
Paris, Bibliothèque nationale
26
Régates à Argenteuil, 1872
Huile sur toile, 48 x 75cm
Wildenstein 233
Paris, Musée d'Orsay
27
L'Hôtel des Roches Noires, Trouville, 1870
Huile sur toile, 80 x 55cm
Wildenstein 155
Paris, Musée d'Orsay
28 en haut
Miranda:
La Grenouillère
Extrait de «L'Illustration», août 1873

28 en bas
Pierre-Auguste Renoir:
La Grenouillère, 1869
Huile sur toile, 66 x 81cm
Stockholm, Nationalmuseum
29
La Grenouillère, 1869
Huile sur toile, 74,5 x 99,7cm
Wildenstein 134
New York (NY), The Metropolitan Museum of Art, H. O. Havemeyer Collection, Bequest of Mrs. H. O. Havemeyer, 1929. (29.100.112)
30 à gauche
Le port de Zaandam, 1871
Huile sur toile, 47 x 74cm
Wildenstein 188
Collection particulière
30 en bas
Joseph Mallord William Turner:
Yacht s'approchant de la côte, vers 1838–1840
Yacht Approaching the Coast
Huile sur toile, 102 x 142cm
Londres, The Tate Gallery
31
Impression, soleil levant, 1873
Huile sur toile, 48 x 63cm
Wildenstein 263
Paris, Musée Marmottan
32 en haut
L'ancien atelier du photographe Nadar au 35, Boulevard des Capucines où eut lieu, en 1874, la 1ère exposition des impressionnistes
Photographie
32 en bas
Détail de l'illustration p. 33
33
Le Boulevard des Capucines, 1873
Huile sur toile, 79,4 x 60,6cm
Wildenstein 293
Kansas City (MO), The Nelson-Atkins Museum of Art (Purchase: The Kenneth A. and Helen F. Spencer Foundation Acquisition Fund) F 72–35
34
Détail de l'illustration p. 35
35
Le pont du chemin de fer à Argenteuil, 1873
Huile sur toile, 58,2 x 97,2cm
Wildenstein 279
Collection particulière
36 en haut
Le déjeuner (panneau décoratif), 1873
Huile sur toile, 160 x 201cm
Wildenstein 285
Paris, Musée d'Orsay
36 en bas
Pierre-Auguste Renoir:
Monet peignant dans son jardin à Argenteuil, 1873
Huile sur toile, 46,7 x 59,7cm
Hartford (CT), Wadsworth Atheneum.
Bequest of Anne Parish Titzell
37
Un coin d'appartement, 1875
Huile sur toile, 80 x 60cm
Wildenstein 365
Paris, Musée d'Orsay
38 à gauche
Edouard Manet:
Claude Monet et sa femme dans son studio flottant, 1874
Huile sur toile, 82,5 x 100,5cm
Munich, Neue Pinakothek
38 à droite
Le bateau-atelier, 1874
Huile sur toile, 50 x 64cm
Wildenstein 323
Otterlo, Kröller-Müller-Stichting
39
Les coquelicots à Argenteuil, 1873
Huile sur toile, 50 x 65cm
Wildenstein 274
Paris, Musée d'Orsay
40 en haut
Le pont d'Argenteuil, 1874
Huile sur toile, 60 x 81,3cm
Wildenstein 313
Munich, Neue Pinakothek

40 en bas
Le pont du chemin de fer, Argenteuil, 1873
Huile sur toile, 54 x 71 cm
Wildenstein 319
Paris, Musée d'Orsay
41 en haut
La gare Saint-Lazare, arrivée d'un train, 1877
Huile sur toile, 83,1 x 101,5 cm
Wildenstein 439
Cambridge (MA), Courtesy of the Fogg Art Museum,
Harvard University Art Museums, Bequest – Collection
of Maurice Wertheim, Class of 1906
41 en bas
La gare Saint-Lazare, 1877
Dessin
Paris, Musée Marmottan
42 en haut
Les déchargeurs de charbon, 1875
Huile sur toile, 55 x 66 cm
Wildenstein 364
Paris, Document Archives Durand-Ruel
42 en bas
Utagawa Hiroshige:
La côte à Kujukuri dans la province de Kazusa, extrait de:
«Famous Places in over Sixty Provinces», 1853–1856
Estampe, 66,6 x 22,4 cm
Giverny, Académie des Beaux-Arts, Fondation Claude
Monet
43
La Japonaise, 1875
Huile sur toile, 231,6 x 142,3 cm
Wildenstein 387
Boston (MA), Courtesy, Museum of Fine Arts,
1951 Purchase Fund
44
Eglise de Vétheuil, neige, 1879
Huile sur toile, 65,3 x 50,5 cm
Wildenstein 505
Paris, Musée d'Orsay
45
Portrait de Camille Monet (?), 1866/67
Sanguine
Collection particulière
46
Camille Monet sur son lit de mort, 1879
Huile sur toile, 90 x 68 cm
Wildenstein 543
Paris, Musée d'Orsay
47 en haut
La débâcle près de Vétheuil, 1880
Huile sur toile, 65 x 93 cm
Wildenstein 572
Paris, Musée d'Orsay
47 en bas
Vétheuil dans le brouillard, 1879
Huile sur toile, 60 x 71 cm
Wildenstein 518
Paris, Musée Marmottan
48 en haut
Paul Durand-Ruel
Photographie
Paris, Document Archives Durand-Ruel
48 en bas
Photographie du grand salon de Paul Durand-Ruel,
35 rue de Rome, Paris
Paris, Document Archives Durand-Ruel
49
Poireau et raisin, 1880
Huile sur toile, 65 x 81 cm
Wildenstein 631
Hambourg, Hamburger Kunsthalle
50 en haut
Cabane du douanier, Varengeville, 1882
Huile sur toile, 60 x 78 cm
Wildenstein 732
Rotterdam, Museum Boymans-van Beuningen
50 en bas
Cabane du douanier à Varengeville, 1882
Huile sur toile, 60 x 81 cm
Wildenstein 743
Philadelphie (PA), Philadelphia Museum of Art,
William L. Elkins Collection
51
La promenade sur la falaise, Pourville, 1882
Huile sur toile, 66,5 x 82,3 cm
Wildenstein 758
Chicago (IL), The Art Institute of Chicago, Mr. and Mrs.
Lewis Larned Coburn Memorial Collection, 1933.443

52
Les «Pyramides» de Port-Coton, 1886
Huile sur toile, 65 x 81 cm
Wildenstein 1084
Moscou, Musée Pouchkine
53 en haut
La Manneporte près d'Etretat, 1886
Huile sur toile, 81,3 x 65,4 cm
Wildenstein 1052
New York (NY), The Metropolitan Museum of Art,
Bequest of Lizzie P. Bliss, 1931.(31.67.11)
53 en bas
La côte près d'Etretat
Photographie
54
Peupliers au bord de l'Epte, vue du marais, 1891
Huile sur toile, 88 x 93 cm
Wildenstein 1312
Collection particulière
55 en haut
Les peupliers, trois arbres roses, automne, 1891
Huile sur toile, 93 x 74,1 cm
Wildenstein 1307
Philadelphie (PA), Philadelphia Museum of Art,
Gift of Chester Dale
55 en bas
Les trois arbres, été, 1891
Huile sur toile, 92 x 73 cm
Wildenstein 1305
Tokyo, The National Museum of Western Art,
The Matsukata Collection
56 à gauche
Essai de figure en plein air, vers la droite,
1886
Huile sur toile, 131 x 88 cm
Wildenstein 1076
Paris, Musée d'Orsay
56 à droite
Essai de figure en plein air, vers la gauche,
1886
Huile sur toile 131 x 88 cm
Wildenstein 1077
Paris, Musée d'Orsay
57 en haut
La cathédrale de Rouen, vers 1900
Photographie
57 en bas
Meules, vers 1888/89
Dessin
Paris, Musée Marmottan
58 en haut
Meule, effet de neige, temps couvert, 1891
Huile sur toile, 66 x 93 cm
Wildenstein 1281
Chicago (IL), The Art Institute of Chicago,
Mr. and Mrs. Martin A. Ryerson Collection,
1933.1155
58 en bas
Meule, effet de neige, le matin, 1891
Huile sur toile, 65,4 x 92,3 cm
Wildenstein 1280
Boston (MA), Courtesy, Museum of Fine Arts,
Gift of Misses Aimee and Rosamond Lamb in Memory
of Mr. and Mrs. Horatio A. Lamb
59 en haut
Meule au soleil, 1891
Huile sur toile, 60 x 100 cm
Wildenstein 1288
Zurich, Kunsthaus Zürich
59 en bas
Meules, dégel, soleil couchant, 1889
Huile sur toile, 64,9 x 92,3 cm
Wildenstein 1284
Chicago (IL), The Art Institute of Chicago,
Gift of Mr. and Mrs. Daniel C. Searle, 1983.166
60 en haut à gauche
La cathédrale de Rouen. Le portail et la tour Saint-Romain
à l'aube, 1894
Huile sur toile, 106 x 74 cm
Wildenstein 1348
Boston (MA), Courtesy, Museum of Fine Arts,
The Tompkins Collection 5831C
60 en haut au milieu
La cathédrale de Rouen. Le portail, soleil matinal.
Harmonie bleue, 1894
Huile sur toile, 91 x 63 cm
Wildenstein 1355
Paris, Musée d'Orsay

60 en haut à droite
La cathédrale de Rouen. Le portail et la tour Saint-Romain,
effet du matin. Harmonie blanche, 1894
Huile sur toile, 106 x 73 cm
Wildenstein 1346
Paris, Musée d'Orsay
60 en bas à gauche
La cathédrale de Rouen. Le portail et la tour Saint-Romain,
plein soleil. Harmonie bleue, 1894
Huile sur toile, 107 x 73 cm
Wildenstein 1360
Paris, Musée d'Orsay
60 en bas au milieu
La cathédrale de Rouen. Le portail, temps gris.
Harmonie grise, 1894
Huile sur toile, 100 x 65 cm
Wildenstein 1321
Paris, Musée d'Orsay
60 en bas à droite
La cathédrale de Rouen. Le portail vu de face.
Harmonie brune, 1894
Huile sur toile, 107 x 73 cm
Wildenstein 1319
Paris, Musée d'Orsay
61
Voir illustration p. 60 en haut à gauche
62 en haut
Les villas à Bordighera, 1884
Huile sur toile, 115 x 130 cm
Wildenstein 857
Santa Barbara (CA), The Santa Barbara Museum of Art
62 en bas
Palmiers à Bordighera, 1884
Huile sur toile, 64,8 x 81,3 cm
Wildenstein 877
New York (NY), The Metropolitan Museum of Art, Be-
quest of Miss Adelaide Milton de Groot (1876–1967),
1967. (67.187.87)
63
Bordighera, 1884
Huile sur toile, 64,8 x 81,3 cm
Wildenstein 854
Chicago (IL), The Art Institute of Chicago,
Mr. and Mrs. Potter Palmer Collection, 1922.426
64
Menton vu du Cap Martin, 1884
Huile sur toile, 67,2 x 81,6 cm
Wildenstein 897
Boston (MA), Courtesy, Museum of Fine Arts, Julia
Cheney Edwards Collection
65 en haut
Antibes, effet d'après-midi, 1888
Huile sur toile, 65,5 x 81 cm
Wildenstein 1158
Boston (MA), Courtesy, Museum of Fine Arts,
Anonymous gift
65 en bas
Montagnes de l'Estérel, 1888
Huile sur toile, 65 x 92 cm
Wildenstein 1192
Londres, Courtauld Institute Galleries
66 en haut
Le mont Kolsaas, reflets roses, 1895
Huile sur toile, 65 x 100 cm
Wildenstein 1415
Paris, Musée d'Orsay
66 en bas
Monet et Theodore Butler en automobile
Photographie
Collection Jean-Marie Toulgouat
67
Le Parlement, trouée de soleil dans le brouillard,
1899–1901
Huile sur toile, 81 x 92 cm
Wildenstein 1610
Paris, Musée d'Orsay
68
Crépuscule à Venise, 1908
Huile sur toile, 73 x 92 cm
Wildenstein 1769
Tokyo, Bridgestone Museum of Art, Ishibashi
Foundation
69 en haut
Le Palais Contarini, 1908
Huile sur toile, 92 x 81 cm
Wildenstein 1767
St. Gallen, Kunstmuseum St. Gallen, acquis en 1950
par la Ernst Schürpf-Stiftung.

69 en bas
Claude Monet et sa femme Alice sur la place
Saint-Marc à Venise, 1908
Photographie
Paris, © Collection Philippe Piguet
70
Le bassin aux nymphéas, 1899
Huile sur toile, 92,7 x 73,7cm
Wildenstein 1518
New York (NY), The Metropolitan Museum of Art,
Bequest of Mrs. H. O. Havemeyer, 1929. H. O.
Havemeyer Collection (29.100113)
71
Monet peignant au bassin aux nymphéas, près
de lui Blanche Hoschedé-Monet et Nitia Salerou,
1915
Photographie
Paris, © Collection Philippe Piguet
72
Le printemps, 1886
Huile sur toile, 65 x 81cm
Wildenstein 1066
Cambridge, Fitzwilliam Museum
73
Champ de coquelicots, environs de Giverny, 1885
Huile sur toile, 65,2 x 81,2cm
Wildenstein 1000
Boston (MA), Courtesy, Museum of Fine Arts,
Julia Cheney Edwards Collection
74
La barque, 1887
Huile sur toile, 146 x 133cm
Wildenstein 1154
Paris, Musée Marmottan
75 en haut
Jeunes filles en barque, 1887
Huile sur toile, 145 x 132cm
Wildenstein 1152
Tokyo, The National Museum of Western Art,
The Matsukata Collection
75 en bas
En canot sur l'Epte, 1890
Huile sur toile, 133 x 145cm
Wildenstein 1250
São Paulo, Museu de Arte de São Paulo
76 en haut
Monet dans son jardin à Giverny,
vers 1917
Photographie en couleur de Etienne Clémentel
76 au milieu
La maison et le jardin de Monet à Giverny,
vers 1917
Photographie en couleur de Etienne Clémentel
76 en bas
La maison et le jardin de Monet à Giverny
Photographie
Giverny, Musée Claude Monet
77 en haut
Une allée du jardin de Monet, Giverny, 1901/02
Huile sur toile, 89 x 92cm
Wildenstein 1650
Vienne, Österreichische Galerie
77 en bas
Le bassin aux nymphéas, 1900
Huile sur toile, 89,2 x 92,8cm
Wildenstein 1630
Boston (MA), Courtesy, Museum of Fine Arts,
Given in Memory of Governor Alvan T. Fuller by
the Fuller Foundation
78
Iris, 1914–1917
Huile sur toile, 199,4 x 150,5cm
Wildenstein 1832
Richmond (VA), Virginia Museum of Fine Arts,
The Adolph D. and Wilkins C. Williams Fund
79
Le jardin de Monet, les iris, 1900
Huile sur toile, 81 x 92cm
Wildenstein 1624
Paris, Musée d'Orsay
80/81
Le jardin d'eau
Photographie
82 en haut
Nymphéas, paysage d'eau, les nuages, 1903
Huile sur toile, 74 x 106,5cm
Wildenstein 1656
Collection particulière

82 en bas
Nymphéas, 1897/98
Huile sur toile, 66 x 104cm
Wildenstein 1501
Los Angeles (CA), Los Angeles County Museum of Art,
Bequest of Mrs. Fred Hathaway Bixby
83
Les nymphéas à Giverny, 1917
Huile sur toile, 100 x 200cm
Wildenstein 1886
Nantes, Musée des Beaux-Arts, don de la Société
des Amis du Musée, 1938
84
Nymphéas, 1919
Huile sur toile, 100 x 200cm
Collection particulière
85
Nymphéas, 1916
Huile sur toile, 200 x 200cm
Wildenstein 1800
Tokyo, The National Museum of Western Art, The
Matsukata Collection
86
Le bassin aux nymphéas, le soir (diptyque),
vers 1916–1922
Huile sur toile, 200 x 600cm
Wildenstein 1964/65
Zurich, Kunsthaus Zürich
87
Détail de l'illustration p. 86
88/89 en haut
Le bassin aux nymphéas sans saules: matin (quadriptyque),
1916–1926
Huile sur toile, 200 x 200, 200 x 425, 200 x 425,
200 x 200cm
Wildenstein IV S. 328, 4a-d
Paris, Musée de l'Orangerie
88/89 au milieu
Le bassin aux nymphéas avec saules: le matin clair aux
saules (triptyque), 1916–1926
Huile sur toile, chaque panneau 200 x 425cm
Wildenstein IV S. 329, 4a-c
Paris, Musée de l'Orangerie
88 en bas
Monet dans l'atelier des Grandes Décorations, vers 1923
Photographie
Paris, droits réservés – Document Archives Durand-Ruel
89 en bas
Salle II du Musée de l'Orangerie, sur le mur du fond:
Reflets d'arbres. A droite et à gauche: compositions avec
saules
Photographie
Paris, Roger Viollet
90 en haut
Monet dans son troisième atelier de Giverny, vers 1923
Photographie
Paris, droits réservés – Document Archives Durand-Ruel
90 en bas
Promenade à Giverny. De gauche à droite: Mme Kuroki,
Monet, Lily Butler, Blanche Monet et Georges Clemenceau
Photographie
91
Le pont japonais, 1922
Huile sur toile, 89 x 116cm
Minneapolis (MN), The Minneapolis Institute of Arts, Be-
quest of Putnam Dana McMillan

L'éditeur remercie les musées, les collectionneurs et les
photographes qui l'ont aidé dans l'élaboration de ce livre.
Outre les personnes et les institutions dont le nom apparaît
dans les légendes nous tenons à citer: Acquavella Galleries,
New York (54); Photograph © 1993, The Art Institute of
Chicago, All Rights Reserved (7, 22, 51, 58 en bas, 63);
Artothek Peissenberg (38 en bas à gauche, 40 en haut);
Michael Bodycomb (9); The Bridgeman Art Library (20 à
gauche, 30 en haut, 30 en bas); Christie's Images (35);
Ebbe Carlsson (72); © Harlingue-Viollet (80/81); Photo
Luiz Hossaka (75 en bas); © P. Jean (83); © 1993 Museum
Associates, Los Angeles County Museum of Art. All
Rights Reserved (82 en bas); Photo Henri Manuel (88 en
bas); © Photo R.M.N. (6, 8 en bas, 10 en haut à gauche, 10
en haut à droite, 12 en bas, 13 à gauche, 13 à droite, 16, 23,
26, 27, 36 en haut, 37, 39, 40 en bas, 44, 46, 47 en haut, 56
à gauche, 56 à droite, 60 en haut au milieu, 60 en haut à
droite, 60 en bas à gauche, 60 en bas au milieu, 60 en bas à
droite, 66 en haut, 67, 77 en haut, 79, 88/89 en haut, 88/89
au milieu); © Roger-Viollet (12 en haut, 76 en bas); Foto
Scala, Firenze (52); Elke Walford (49), Archive Walther,
Alling (90 en bas, 92, 93).